AF196249

Das Buch

Die Welt befindet sich im Wandel. Ehemals wichtige Werte wie Ansehen und Status, materieller Besitz und Karriere verlieren an Bedeutung. An ihre Stelle tritt ein Bedürfnis nach Freiheit und Unabhängigkeit, Erfüllung und Wahrhaftigkeit. Das prägt auch unsere Beziehungen. Wir sehnen uns nach Erfüllung, Harmonie und Glück in unserer Partnerschaft und in unserer Familie. Dennoch führen wir oft Beziehungen, die uns nicht glücklich machen. Dabei sind Beziehungen die spirituellste Erfahrung, die wir machen können. Nirgendwo sonst können wir so klar erfahren, wer wir eigentlich sind. Diana Hellers zeigt, dass der Schlüssel zu erfüllten Beziehungen in uns selbst verborgen liegt. Mit diesem Buch gibt Diana uns ein Werkzeug an die Hand, das es uns ermöglicht, durch Selbstanalyse und gezielte Fragestellungen eigenständig den Weg zu einem glücklichen Beziehungsleben zu gehen. Jeder hat das Potenzial in sich, glückliche Beziehungen zu führen.

Die Autorin

Diana Hellers wurde 1979 in Deutschland geboren und lebt seit 2012 in Norwegen. Sie ist hellsichtig und erfasst mit äußerster Klarheit das innere Wesen ihres Gegenübers, die Essenz seines Seins – sowohl psychologisch als auch energetisch. Zu ihren Fähigkeiten gehört, abgespaltene Seelenanteile zu erkennen, zu heilen und wieder zu integrieren. Sie kann energetische Blockaden und destruktive Gedankenmuster zurück ins Bewusstsein holen und diese gänzlich auflösen. Unter dem Banner „Heilung – Entwicklung – Selbstfindung" hat Diana in weit über tausend Heilsitzungen zahlreichen Menschen den Weg aus tiefen Krisen aufgezeigt und ihnen zu einem ausgeglichenen Leben verholfen. Neben ihrer Heilertätigkeit veröffentlicht Diana regelmäßig Artikel auf ihrer Internetseite und legt mit „Beziehungen der neuen Zeit" ihr erstes Buch vor.

Diana Hellers

Beziehungen der neuen Zeit

Gefühle verstehen, Beziehungen heilen

Wichtige Hinweise
Die im Buch veröffentlichten Ratschläge wurden von der Verfasserin sorgfältig erarbeitet und geprüft. Eine Garantie kann dennoch nicht übernommen werden. Ebenso ist die Haftung der Verfasserin für Personen-, Sach- und Vermögensschäden ausgeschlossen.
Dieses Buch hat nicht den Anspruch, Heilung im medizinischen Sinne zu versprechen. Es geht vielmehr um Selbsterkenntnis: um den Weg, den wir als Menschen gehen, und um spirituelle Vorgänge. Im Zweifelsfall fragen Sie immer Ihren Arzt, Heilpraktiker oder Apotheker.
In diesem Buch schließt die männliche Form Frauen ein. Dies soll der besseren Lesbarkeit dienen.

© 2019 Diana Hellers
Lektorat, Korrektorat: Sandra Meinzenbach

Verlag und Druck: tredition GmbH, Halenreie 40-44, 22359 Hamburg

ISBN
Paperback: 978-3-7497-1153-6
Hardcover: 978-3-7497-1154-3
e-Book: 978-3-7497-1155-0

Inhaltsverzeichnis

Inhaltsverzeichnis 5

Einleitung 7

Kapitel 1: Kindliche Prägungen 10

Kapitel 2: Wunsch und Wirklichkeit 12

Kapitel 3: Beziehungen der neuen Zeit 14

Kapitel 4: Ein Blick zurück – Beziehungen der alten Zeit 16

Kapitel 5: Änderung der Zeitqualität 20

Kapitel 6: Emotionale Abhängigkeit 22

Kapitel 7: Erlerntes Verhalten und eingeprägte Muster 24

Kapitel 8: Verdrehungen 29

Kapitel 9: Abgespaltene Anteile 33

Kapitel 10: Eine kurze Gedankenpause 40

Kapitel 11: Wege aus der emotionalen Abhängigkeit 42

Kapitel 12: Bewusstwerdung 46

Kapitel 13: Verantwortung für Gefühle und Verhaltensmuster übernehmen 54

Kapitel 14: Bewusste und unbewusste Wut 61

Kapitel 15: Wut aufgrund von Kompromissen 67

Kapitel 16: Den Umgang mit Wut lernen 72

Kapitel 17: Hass erkennen 77

Kapitel 18: Sich auf Trauer einlassen 81

Kapitel 19: Sich seinen Ängsten hingeben 85

Kapitel 20: Gefühlskombinationen und Beziehungsdynamiken 91

Kapitel 21: Eifersucht verstehen.. 93

Kapitel 22: Fehlende Aufmerksamkeit....................................... 101

Kapitel 23: Einsamkeit zu zweit.. 109

Kapitel 24: Liebesentzug und die Auswirkungen destruktiver Gefühle.. 117

Kapitel 25: Liebe ist kein Zufall.. 121

Kapitel 26: Unseren Partner wieder kennenlernen.................... 125

Kapitel 27: Geben und Nehmen... 129

Kapitel 28: Der Mut, zu lieben.. 133

Kapitel 29: Bewusst kommunizieren... 137

Kapitel 30: Der Freude vertrauen.. 141

Kapitel 31: Glück kultivieren... 145

Kapitel 32: Wahrhaftig sein... 149

Schlusswort.. 152

Einleitung

Dieses Buch handelt von Beziehungen: von Beziehungen der neuen Zeit. Beziehungen nehmen eine entscheidende Rolle im Leben eines jeden Menschen ein. Wir haben tagtäglich mit vielen Menschen zu tun und führen viele verschiedene Beziehungen. Das hat sich auch im Zeitalter der Digitalisierung und der sozialen Medien nicht geändert. Die Beziehung zu unserem Partner ist die offensichtlichste. Doch wir haben auch Beziehungen zu unseren Kindern, Eltern, Verwandten, Freunden, Bekannten, Arbeitskollegen oder Haustieren. Selbst zu materiellen Dingen wie etwa zu dem Haus, in dem wir aufgewachsen sind, zum Lieblingskleidungsstück oder zur gemütlichen Bank im eigenen Garten haben wir eine Beziehung. Die wichtigste aller Beziehungen ist und bleibt jedoch die Beziehung zu uns selbst. In diesem Buch stehen die Verbindungen zu unserem Partner und unserer Familie im Vordergrund, da diese die wichtigsten Menschen in unserem Leben sind.

Ich habe dieses Buch geschrieben, um dir, liebe Leserin und lieber Leser, eine konkrete Hilfestellung aufzuzeigen, wie du deine Beziehungen verbessern und Glück und Erfüllung in ihnen entfalten kannst. Mit deinem Bedürfnis nach liebevollen Beziehungen stehst du nicht alleine da. Die Zeit ist reif für eine grundlegende Veränderung in der Welt, welche sich auch auf unsere Beziehungen auswirkt. Ich bezeichne sie daher gerne als die Beziehungen der neuen Zeit.

Was haben wir darunter zu verstehen? „Neue Zeit" ist eine Bezeichnung für den Wandel, in dem die Welt sich momentan befindet. Es handelt sich um einen Wandel hin zum Positiven, auch wenn der Weg dorthin für manche von uns durch große Hürden und innere Konflikte erschwert wird. Dieser Wandel betrifft sowohl Dinge im Außen als auch im Inneren. Wir Menschen werden bewusster und dies spiegelt sich auch und insbesondere in unseren Beziehungen wider. Wir stellen alte Gewohnheiten und Muster infrage. Gesellschaftliche Erwartungen und

Anforderungen verlieren an Wert. Stattdessen begeben wir uns als Individuen auf die Suche nach Freiheit und Erfüllung – sowohl in uns selbst als auch in unseren Beziehungen. Beides ist eng miteinander verwoben.

Aus diesem Grund ist dieses Buch weit mehr als ein Beziehungsratgeber. Viele Kapitel behandeln Themen, die nur dich als Individuum betreffen, obwohl wir mit diesen Themen in unserer Partnerschaft und in unserer Familie konfrontiert werden. Wir beschäftigen uns mit deinen inneren Konflikten, emotionalen Abhängigkeiten und Mustern, die dein tagtägliches Leben – und damit auch deine Beziehungen – prägen. Ziel des Buches ist, dass du die Dynamiken in der Beziehung zu deinem Partner, aber auch zu deinen Mitmenschen leichter erkennst, sie verstehen lernst und letztendlich alte Muster in dir durchbrechen kannst. Jeder von uns hat die Möglichkeit, glückliche Beziehungen zu führen. Für manche mag der Weg dorthin weit und mühsam sein, aber wir alle tragen das Potenzial in uns, dieses Glück zu erleben. Ich hoffe, mit meinem Buch einen Teil dazu beitragen zu können.

Doch bevor du dich in die ersten Kapitel vertiefst, möchte ich dir noch einige Hinweise zur Nutzung des Buches mit auf dem Weg geben. Dieses Buch ist ein praktisches Buch, das dir bei deiner Selbstanalyse helfen soll. Ich empfehle dir daher, dir für die Lektüre Zeit zu nehmen, in regelmäßigen Abständen über das Gelesene zu reflektieren und es auf dich wirken zu lassen. Beobachte, was es mit dir macht: ob du dich oder jemanden anderen aus deinem Leben wiedererkennst. Das Buch ist kompakt geschrieben und enthält eine Menge Wissen, das seine Zeit braucht, um in dir zu wirken. Scheue dich nicht davor, ein Kapitel auch zweimal zu lesen, damit du einen bestmöglichen Nutzen aus dem Inhalt ziehen kannst. Jedes Kapitel ist für das Gesamtverständnis des Themas wichtig und alle Kapitel bauen aufeinander auf. Es empfiehlt sich daher, das Buch von vorne nach hinten zu lesen und einzelne Kapitel nicht zu überspringen.

Es werden viele Beispiele angeführt. Aus Datenschutzgründen und aus Rücksicht gegenüber der Privatsphäre meiner Klienten handelt es sich dabei jedoch nicht um reale Fälle, sondern um fiktive Personen und Berichte, wie ich sie in ähnlicher Form aus meiner täglichen Arbeit mit Menschen erlebe.

Ich wünsche dir, dass dir das Buch wertvolle Selbsterkenntnisse liefert, dich in deiner Entwicklung unterstützt und dir hilft, Geduld und Verständnis im Umgang mit dir selbst aufzubringen.

– Deine Diana Hellers –

Kapitel 1: Kindliche Prägungen

Ich möchte dieses Buch mit einer kleinen Episode beginnen, wie sie sich so oder so ähnlich vor ein paar Jahrzehnten zugetragen haben könnte:

Hinter verschlossenen Türen ist der Umgangston dumpf und hart, der Alltag monoton und frustrierend, der Partner und die eigenen Kinder nerven. Die Arbeit und das zeitige Aufstehen unter der Woche sind anstrengend und am Wochenende steht der Familienbesuch an. Hierfür wird das Auto gewaschen, die Kleidung gebügelt, ein Lächeln aufgesetzt und der Platz am gemeinsamen Kaffeetisch eingenommen. Jeder berichtet davon, was für einen wichtigen Job er hat und was er Tolles auf Arbeit geleistet hat, wie nervig und unfähig die Kollegen mal wieder gewesen sind und wie gut sich das neue Auto fährt. Welches neue Möbelstück angeschafft wurde und wie nun das Wohnzimmer eingerichtet ist, wo der letzte Urlaub verbracht wurde und welche neue Krankheit man inzwischen hat – man wird ja nicht jünger! Bis schlussendlich jeder wieder hinter seiner verschlossenen Tür im Frust und in der Negativität seines wirklichen Alltags verschwindet.

Nach außen muss das Bild gewahrt werden. Nach innen werden der Partner und die eigene Familie als selbstverständlich angesehen: als etwas, bei dem man sich bedienen und sich einfach das nehmen kann, was man braucht, ohne im Gegenzug etwas geben zu müssen. In der Familie kann man zudem den Frust über die ewig gleiche Arbeit loswerden, bevor man am nächsten Tag wieder ins Hamsterrad steigt und die gleiche Schleife des Alltags durchläuft, um sich irgendwann ein noch besseres Auto oder eine noch schickere Wohnung leisten zu können. Auch der Frust über die Verwandten wird abgelassen, bevor der nächste Pflichtbesuch ansteht.

Die Kinder werden so zurechtgebogen und erzogen, dass sie für die Eltern im richtigen Moment funktionieren. Im Alltag verlangt man etwas anderes als beim Familienbesuch. Während bei der Familienfeier noch

Lächeln angesagt ist und der Schein aufrechterhalten werden muss, sollen die Kinder in Stresssituationen nur noch funktionieren, ihre Sinne ausschalten und ihre Gefühle und Gedanken zurückstellen. Und wenn die Eltern sich langweilen oder mit sich beschäftigt sind, müssen die Kinder ihr Verhalten erneut anpassen und die Eltern entweder bespaßen oder am besten gar nicht erst stören.

In der Vergangenheit funktionierten viele Familien in solchen oder ähnlich monotonen und tristen Mustern. Das galt sowohl für die Beziehung untereinander als auch für den Kontakt mit der Außenwelt. Familien mussten nach innen funktionieren und das Bild nach außen wahren. Die Kinder, die unter solchen Bedingungen aufgewachsen sind und sich fügen mussten, sind die wahren Leidtragenden dieses Trauerspiels. Sie stehen als erwachsene Menschen oft vor vielen Problemen. In ihrer Kindheit konnten sie nichts gegen ihre Familiensituation tun und ihnen blieb nichts anderes übrig, als in diesem Feld zu leben. Als Erwachsene wünschen sie sich ein anderes Familienleben als das ihrer Kindheit und eine andere Beziehung zu ihrem Partner, als es die eigenen Eltern vorgelebt haben.

Doch vielen Paaren und Eltern gelingt dies nicht. Ihre kindlichen Prägungen haben einen enormen Einfluss auf ihr späteres Sein. Sie sind der Hauptgrund, wieso sie sich mit ihren Problemen immer wieder im Kreis drehen. Wie in unsichtbaren Ketten werden sie in den alten Mustern ihrer Eltern und ihrer Familie gefangen gehalten. Sie fühlen sich dazu verdammt, zusehen zu müssen, wie sie die Verhaltensmuster ihrer Eltern und die Funktionsweisen ihrer Familien in ihren eigenen Beziehungen und in ihrer eigenen Familie wiederholen. Oft scheitern ihre Beziehungen, nicht selten zum wiederholten Male und immer wieder aus den gleichen Gründen.

Kapitel 2: Wunsch und Wirklichkeit

Bewusste Menschen der heutigen Zeit empfinden ihrem Partner und ihren Kindern gegenüber Liebe und Zuneigung. Sie bemühen sich um eine erfüllte Beziehung und ein harmonisches Familienleben. Werte wie Offenheit, Respekt und Toleranz spielen für sie eine wichtige Rolle. Inhaltsleerer Konsum und das Wahren des äußeren Scheins sind unwichtig geworden. Es fehlt meist nicht an gutem Willen und Bereitschaft. Dennoch klafft bei vielen Menschen immer noch eine schmerzhafte Lücke zwischen dem Wunsch, wie das eigene Leben aussehen soll, und der täglich gelebten Realität.

Beispiel

Wolfgang ist als Grafikdesigner tätig und berichtet, dass es ihm abends nach der Arbeit schwerfällt, eine Beziehung zu seinen Kindern und seiner Frau aufzubauen. Er ist dann oft müde und würde lieber entspannen und ein wenig im Internet surfen. Erst am Wochenende fällt es ihm leichter, sich auf seine Familie einzulassen. Er leidet darunter, dass er sich seiner Familie gegenüber so abweisend verhält. Dies erinnert ihn an seine Kindheit, als sein ständig schlecht gelaunter Vater sich ihm gegenüber sehr abweisend verhielt und ihn regelmäßig auf sein Zimmer schickte, damit er in Ruhe sein Bier vor dem Fernseher trinken konnte. Wolfgang hat in letzter Zeit sogar feststellen müssen, dass seine Stimmung selbst an ruhigen Arbeitstagen auf dem Weg nach Hause plötzlich kippte. Während er ursprünglich vorhatte, mit seinen Kindern noch Fußball zu spielen, wollte er nur noch seine Ruhe haben.

Äußere Faktoren wie ein stressiger Job und Konflikte mit den Kollegen, eine immer schnelllebigere und fordernde Welt oder Probleme mit dem Partner oder den Kindern führen manchmal dazu, dass das eigene Verhalten dem der Eltern sehr ähnelt. Das können wir am Beispiel von

Wolfgang erkennen. Unser Umgangston gegenüber dem Partner ist abgestumpft und die eigenen Kinder werden oft als Belastung empfunden. Von der Arbeit, der wir eigentlich gerne nachgehen, sind wir desillusioniert: weil das Arbeitspensum zu hoch ist und deshalb keine Freude mehr bereitet. Der Alltag gestaltet sich monoton, frustbeladen und stressig. Die Woche zieht sich wie Kaugummi bis zum ersehnten Wochenende, in der Hoffnung dann zumindest ein kleines Stück Freiheit zu empfinden. Das Leben fühlt sich irgendwie nicht lebendig an und wir erwischen uns immer öfter dabei, die innere Leere mit unnötigem Konsum zu füllen.

Dieses Szenario ist in unserer Gesellschaft leider häufig anzutreffen, auch wenn sich Intensität und Dramatik natürlich von Fall zu Fall unterscheiden. Ausschlaggebend ist, wie tief wir durch unsere Eltern geprägt wurden und wie stark wir ihre Verhaltens- und Gefühlsmuster übernommen haben. Äußere Faktoren wie etwa die stressige Arbeit sind nur von untergeordneter Bedeutung und verstärken höchstens den jeweiligen Zustand. Die eigentliche Ursache ist in unserer Kindheit zu finden.

Ich möchte in diesem Buch Wege aus solchen Lebenssituationen aufzeigen. Ich möchte dir zeigen, dass wir an der Schwelle einer neuen Zeit stehen, in der eine neue Art der Beziehungen möglich ist. Ich nenne sie Beziehungen der neuen Zeit.

Kapitel 3: Beziehungen der neuen Zeit

Wenn du dich in den Szenarien aus Kapitel 1 und 2 wiedererkennst und den Wunsch und den Willen verspürst, etwas an deiner Situation zu verändern, dann lade ich dich herzlich ein, die nächsten Kapitel aufmerksam zu lesen. Lass mich dir erklären, wieso du Elemente, Muster, Gewohnheiten und Verhaltensweisen, ja sogar Gefühle und Gedanken deiner Eltern übernommen hast und diese heute lebst, obwohl du eigentlich ganz andere Vorstellungen von deinem Leben hast. Du erfährst, wieso du in deinem Leben manchmal einfach nicht vorankommst und immer wieder auf der Stelle trittst. Ich stelle dir Lösungen vor, die dir den Weg in ein harmonischeres Beziehungsleben ermöglichen.

Im Gegensatz zu unseren Eltern und vor allem zu unseren Großeltern haben wir heute alle die Möglichkeit, eine ausgeglichene Beziehung zu führen. Die Beziehungen der neuen Zeit stehen jedem offen, der sich dafür öffnet. Das gilt nicht nur für die Beziehung zwischen zwei Partnern, sondern auch für die Beziehung zwischen Eltern und Kindern, zwischen Verwandten, Freunden und Bekannten bis hin zu Beziehungen zwischen Arbeitskollegen oder zum Kassierer an der Kasse im Supermarkt. Wenn ich in diesem Buch von Beziehungen spreche, sind damit also Beziehungen im weitesten Sinne gemeint. Naturgemäß liegt der Fokus jedoch vor allem auf den Beziehungen von Paaren und Familien, da diese im Leben der meisten Menschen die wichtigsten sind. Das oben beschriebene alte Beziehungsmuster wird heute von einem völlig neuen Modell abgelöst und ist ein Zeichen der neuen Zeit, in der wir uns befinden. Die damit einhergehenden Veränderungen werden in den nächsten Kapiteln ausführlich thematisiert. Sie betreffen sowohl Paare, die seit 30 Jahren verheiratet sind, als auch junge Menschen, die gerade erst eine Partnerschaft eingegangen sind.

Die Beziehungen der neuen Zeit bauen auf ganz anderen Grundvoraussetzungen auf und haben einen durch und durch positiven, lebensbejahenden Sinn. Statt zwanghaft zusammenzubleiben und deprimiert nebeneinander herzuleben, führen die Menschen lebendige, erfüllende Beziehungen, in denen nichts auf Zwang und Pflichterfüllung basiert. Sich miteinander verbunden zu fühlen und dennoch Raum für sich selbst zu haben, steht nicht länger im Widerspruch. Die Beziehung wird zu einem Kraftort der Inspiration, in der sich beide Partner entfalten und ihren individuellen Weg gehen können. Dabei unterstützen sie sich gegenseitig, ohne sich aufgeben zu müssen. Von dieser neuen Art des Zusammenseins werden nicht zuletzt die Kinder profitieren, die ja diejenigen sind, die am meisten unter den schlechten Beziehungen ihrer Eltern zu leiden haben. Dadurch erhalten sie die Chance, als Erwachsene selbst irgendwann eine Familie mit weniger Altlasten gründen zu können.

Kapitel 4: Ein Blick zurück – Beziehungen der alten Zeit

Bevor wir uns näher mit den Beziehungen der neuen Zeit beschäftigen und beleuchten, wieso es heute vielen Menschen noch nicht gelingt, solche Beziehungen zu leben, ist es sinnvoll, noch einmal einen Blick zurück zu werfen. Und zwar in die Zeit unserer Eltern- und Großelterngeneration. Deren Einfluss auf unser Leben ist unbestritten. Um unser Dasein in seiner ganzen Komplexität besser verstehen zu können, müssen wir die Beziehungsmechanismen früherer Generationen bis zu einem gewissen Grad kennen und verstehen. Dann können wir ein Bewusstsein dafür entwickeln, wieso wir heute über ganz andere Möglichkeiten verfügen und uns in einer wesentlich privilegierteren Situation befinden als unsere Eltern und Großeltern. Das sollten wir als Chance nutzen.

Unsere Gesellschaft hat sich in den letzten Jahrzehnten grundlegend verändert und dieser fortlaufende Prozess vollzieht sich rasanter denn je. Beziehungen der alten Zeit waren von Abhängigkeiten und Zwängen geprägt. Das galt insbesondere, aber nicht nur für Frauen. Die Möglichkeiten für Frauen, eine höhere Ausbildung in Anspruch zu nehmen und den Beruf ihrer Wahl auszuüben, ist heute in den meisten Familien eine Selbstverständlichkeit – vor einigen Jahrzehnten war es das jedoch nicht. Es gab typische „Frauenberufe", deren größte Gemeinsamkeiten eine vergleichsweise niedrige Bezahlung und eine begrenzte Verantwortung waren. Frauen durften zwar schon lange studieren, aber gesellschaftliche Erwartungen und Vorstellungen sorgten dafür, dass für lange Zeit wesentlich mehr Männer als Frauen an Universitäten eingeschrieben waren. Völlige Gleichberechtigung ist in unserer Gesellschaft übrigens auch heute noch nicht auf allen Ebenen erreicht. So liegt der durchschnittliche Verdienst von Frauen in den allermeisten Ländern der westlichen Welt immer noch niedriger als der von Männern – trotz gleicher Ausbildung, gleichem Beruf sowie gleicher Arbeitsleistung. Einzig das fortschrittliche Island hat im Jahre 2018 eine ungleiche Bezahlung per Gesetz verboten.

Diese Benachteiligung der Frau, die hier nur in groben Zügen dargestellt werden kann, hatte auch Konsequenzen für den Mann. Er war oft allein für das finanzielle Wohl der Familie verantwortlich und musste seine persönlichen Träume unterordnen. Es wäre einem Mann zum Beispiel kaum möglich gewesen, einen ungeliebten, aber gut bezahlten und sicheren Job gegen den ersehnten Traumberuf auszutauschen, da dies mit finanziellen Risiken verbunden gewesen wäre. So erging es Günther, der als junger Mann seinen Beruf nicht frei wählen konnte:

Beispiel

> Günther arbeitete sein Leben lang in derselben Behörde wie sein Vater. Sein eigentlicher Traum war es, Tierpfleger zu werden. Erst jetzt, als Rentner, hat er die Möglichkeit, regelmäßig im Zoo auszuhelfen und viel Zeit mit Tieren zu verbringen: so, wie er es sich sein Leben lang gewünscht hat. Heute bereut er, dass er dem Druck seines Vaters nicht standgehalten und sich nicht gegen dessen Willen entschieden hat.

Die Menschen waren früher sowohl in ihrer Rolle als Familienmitglieder als auch als Ehepartner wesentlich stärker in Verpflichtungen und Abhängigkeiten eingebunden und konnten ihr Leben oft nicht so gestalten, wie sie es sich wünschten. Hinzu kam, dass sich die gesellschaftliche Vorstellung einer „richtigen" Lebensweise von der heutigen teils stark unterschied. Dies galt insbesondere für die Beziehung, die Ehe, die Erziehung, die berufliche Tätigkeit und vieles mehr. Ein Ausscheren aus der Norm wurde moralisch wesentlich schärfer geahndet als heute. Der Druck, der auf Menschen ausgeübt wurde, die den gesellschaftlichen Vorstellungen nicht entsprachen, war deutlich höher. Wenn sich ein junges (oder älteres!) Paar heute zum Beispiel dafür entscheidet, ein paar Jahre in Costa Rica zu leben, in mehreren Monaten mit einem Kleinkind im Campingwagen Südeuropa zu erkunden oder die Arbeitszeit zu reduzieren, um in der Freizeit einen Roman zu schreiben, oder wenn eine Frau oder ein Mann beschließt, unverheiratet Kinder großzuziehen, wird dies heute viel leichter akzeptiert als früher und oft sogar bewundert.

Ein weiteres zentrales Element der sogenannten alten Zeit ist das wesentlich schwächer ausgeprägte Bewusstsein unserer Eltern und Großeltern ihrer eigenen Gefühle. Dieser Bereich wird, wie wir im weiteren Verlauf des Buches sehen werden, auch heute noch vernachlässigt. Doch im damaligen gesellschaftlichen Klima und den damals vorherrschenden Werten und Normen waren die eigenen Gefühle etwas, was nicht nach außen gelangen durfte und höchstens indirekt in Form eines künstlerischen Ausdrucks gestattet wurde: in der Literatur, in der Musik oder in der Malerei. Gefühle zuzulassen und zu zeigen, galt als Zeichen von Schwäche und Kontrollverlust. Anstelle einer grundsätzlichen Beschäftigung mit dem eigenen Inneren, den eigenen Licht- und Schattenseiten, den Traumata und Wunden war es in persönlichen Krisen wichtig, möglichst rasch wieder zu funktionieren und die in der Gesellschaft vorgesehene Rolle wieder einzunehmen. Am besten, alles blieb beim Alten. Es war demnach nicht verwunderlich, dass materieller Besitz, Konsum und eine intakte äußere Fassade ausgesprochen hoch angesehen waren und über Jahrzehnte ein vollkommen anerkanntes und erstrebenswertes Lebenskonzept darstellten. Das gesellschaftliche System förderte diese Art des Funktionierens durch Belohnungen in Form eines sozialen Status, eines sicheren Einkommens und immer breiter gefächerter Angebote an Konsumgütern, die es ermöglichten, sich durch Besitztümer gegenüber anderen Menschen zu profilieren. Diese Lebensweise wurde gar nicht erst infrage gestellt, da es kaum ein Bewusstsein dafür gab, was wahres Glück eigentlich ausmacht.

Heute ist es wesentlich leichter, ein anderes Leben zu leben. Sich mit seinen Gefühlen und seinem Inneren zu beschäftigen, ist mittlerweile nahezu jedem problemlos möglich. Menschen, die wie leere Hüllen ihr Inneres mit materiellen Gütern zu füllen versuchen, werden zunehmend kritisch gesehen.

Selbstverständlich haben diese Entwicklungen und neu gewonnenen Freiheiten auch ihre Schattenseiten, denken wir zum Beispiel an soziale Vereinsamung oder an die steigende Zahl von Singlehaushalten. Doch ein Für und Wider dieser Entwicklung soll hier nicht das Thema sein. Wichtig ist, dass Menschen heute über ganz andere Möglichkeiten verfügen als noch vor einigen Jahrzehnten. Viele der sozialen, finanziellen und familiären Zwänge, Abhängigkeiten und moralischen Schranken gelten nicht mehr. Diese Veränderungen sind wichtige Bausteine für die Beziehungen der neuen Zeit und eröffnen uns allen die Chance, unsere Beziehungen zu überdenken und zum Positiven zu verändern. Auch der rasante Umbruch der Zeit, in der wir uns befinden, unterstützt uns auf dem Weg in die Beziehungen der neuen Zeit. Mit der Änderung der Zeitqualität beschäftigen wir uns im folgenden Kapitel.

Kapitel 5: Änderung der Zeitqualität

Die Änderung der Zeitqualität ist auf den ersten Blick nicht erkennbar und doch haben wir alle bereits eine Ahnung davon bekommen, was es bedeutet, Teil der neuen Zeit zu sein. Denn die Änderung der Zeitqualität fordert uns dazu auf, uns mit unseren Gefühlen und unserem Innenleben zu beschäftigen. Um beides jedoch besser zu verstehen, müssen wir uns wesentlich tiefer mit unseren Gefühlen und unserem Innenleben beschäftigen, als wir bislang dazu bereit gewesen sind. Unsere Gefühlswelten sind ein Bereich, der uns immer noch Angst macht. Sie sind nicht sichtbar und sie stellen für unsere rationale Sicht der Welt weiterhin ein Mysterium dar. Wir werden mit inneren Ängsten und Grenzen konfrontiert, die Intensität unserer Gefühle scheint willkürlich zu sein und wir wissen nie genau, wann welche Gefühle plötzlich und wie aus dem Nichts heraus in uns auftauchen. Wenn uns beispielsweise intensive Wut überfällt und wir ihr ausgeliefert sind, vor Eifersucht rasen oder unter heftigen Verlustängsten leiden, entsteht in uns der Eindruck, dass unsere Gefühle außerhalb unserer Kontrolle liegen und unser Leben bestimmen.

Beispiel

Marina berichtet, dass ihre Gefühle sie in letzter Zeit immer häufiger völlig unkontrolliert überwältigen. Sie glaubt dann, innerlich zu explodieren, und ihr fehlt die Luft zum Atmen. Danach kann sie nicht mehr klar denken und ist außer sich. Marina hat Angst, verrückt zu werden, da dies immer öfter und in immer kürzeren Abständen passiert.

Bei den von Marina geschilderten Erlebnissen handelt es sich um tiefe innere Themen, die an die Oberfläche gelangt sind. Dies geschieht derzeit bei vielen Menschen. Und viele von ihnen sind überfordert, wenn sich Themen unseres Unterbewusstseins öffnen und sie das Gefühl haben, nichts dagegen tun zu können. Diese Themen sind immer sehr alt und mit unerwünschten Gefühlen verbunden. Das Ausmaß kann von Mensch zu Mensch variieren. Vor einigen Jahrzehnten war es noch leichter, aufkommende Themen zu unterdrücken und unter Kontrolle zu halten, weswegen auch Marina früher nicht mit solch intensiven Gefühlsausbrüchen konfrontiert wurde. Durch die neue Zeitqualität wird es uns immer schwerer fallen, unsere alten inneren Themen verborgen zu halten. Die Änderung der Zeitqualität führt uns diese Themen in einem rasanten Tempo vor Augen. Marinas Hinweis, dass die unerwünschten Gefühlsausbrüche „immer öfter und in immer kürzeren Abständen" vorkommen, verdeutlicht, dass es unumgänglich ist, dass wir uns damit auseinandersetzen. Dies betrifft uns alle, ganz unabhängig davon, ob wir uns mit der Entwicklung und Entfaltung unserer Persönlichkeit und unserem Innenleben beschäftigen wollen oder nicht.

Diese Dinge können möglicherweise beängstigend oder gar bedrohlich auf uns wirken. Aber grundsätzlich vollziehen wir eine sehr schöne Entwicklung, da sie uns den Weg zu einem erfüllteren, authentischeren und harmonischeren Leben weist, in dem wir Altes hinter uns lassen können. Die Auseinandersetzung mit unserem Inneren bildet letztendlich die emotionale Grundlage für die Beziehungen der neuen Zeit.

Kapitel 6: Emotionale Abhängigkeit

Die neue Zeitqualität kann, wie in Kapitel 5 gesehen, zu einigen emotionalen Turbulenzen führen und für manche von uns eine schwere Hürde darstellen, die es zu meistern gilt. Dennoch besteht kein Zweifel daran, dass sich uns dank dieser zeitlichen Veränderungen heute ganz neue Möglichkeiten bieten, unser Leben und unsere Beziehungen zu gestalten. Werfen wir einen Blick zurück, so stellen wir fest, dass wir uns vieler gesellschaftlicher, moralischer und finanzieller Abhängigkeiten und Zwänge entledigt haben. All das sind wichtige Aspekte der neuen Zeitqualität. Auch die Beschäftigung mit unseren Gefühlen ist heute weitgehend akzeptiert und diese Freiheit wird von vielen von uns genutzt. Seminare zur Persönlichkeitsentwicklung erfreuen sich großer Beliebtheit und immer mehr Menschen beschäftigen sich mit ihrem Innenleben und den spirituellen Aspekten ihres Daseins. Wir könnten also annehmen, dass es in der heutigen Zeit uns allen recht problemlos gelingen sollte, erfüllte und harmonische Beziehungen zu führen. Doch wenn wir uns bei unseren Verwandten, in unserem Freundes- und Bekanntenkreis, ja vielleicht auch bei uns selbst umsehen, stellen wir fest, dass dem ganz und gar nicht so ist. Immer noch scheint der überwiegende Teil unserer Gesellschaft in Beziehungen zu stecken, die von Problemen und Schwierigkeiten geprägt sind. Denn eine sehr zentrale Abhängigkeit haben wir noch nicht erkannt: die emotionale Abhängigkeit.

Was haben wir darunter zu verstehen? Einfach ausgedrückt bedeutet emotionale Abhängigkeit: Wir machen andere Menschen oder Situationen dafür verantwortlich, dass es uns nicht gut geht. Wenn eine bestimmte Situation oder ein Verhalten eines Menschen bei uns plötzliche Gefühlsumbrüche auslöst und unsere Gefühle auf den Kopf stellt und wir uns „wie durch den Wind" fühlen, brauchen wir ebendiese Menschen und Situationen, die dafür sorgen müssen, dass es uns wieder gut geht. Wir sind emotional von ihnen abhängig. Es ist für uns selbstverständlich, auf diese Weise mit unseren unangenehmen Gefühlen umzugehen. Das wurde uns früher und das wird uns auch heute immer noch in der Gesellschaft vorgelebt. Um daran etwas ändern zu können, ist es wichtig zu verstehen, wie es zu dieser Verhaltensweise gekommen ist. Wir müssen uns also mit den Ursachen dieser Abhängigkeit beschäftigen.

Unsere emotionale Abhängigkeit hat drei zentrale Ursachen, auf die wir in den folgenden Kapiteln genauer eingehen werden:

1. Erlerntes Verhalten und eingeprägte Muster – wie wir das Verhalten unserer Eltern erlernt haben und wie es uns geprägt hat,

2. Verdrehungen – wie wir angepasst und unsere Gefühle verdreht wurden,

3. Abgespaltene Anteile – wie wir mit Schmerz umgegangen sind.

Kapitel 7: Erlerntes Verhalten und eingeprägte Muster

Die emotionale Abhängigkeit konnte in unserer Kindheit in unserem Inneren entstehen, da wir sie von unseren Eltern und unserem Umfeld aktiv erlernt und passiv eingeprägt bekommen haben. Es ist die erste der drei zentralen Ursachen unserer emotionalen Abhängigkeit. Es mag überraschend klingen, dass gerade unsere Eltern sich in einer solchen Abhängigkeit befunden haben. Denn wir haben ja bereits festgestellt, dass sich unsere Eltern und Großeltern kaum mit ihren Gefühlen auseinandergesetzt haben. Dennoch spielten Gefühle auch bei ihnen eine bedeutende Rolle, wenn auch unbewusster als bei uns.

Wir haben gesehen und gelernt, dass es ihnen durch Konsum und Status besser ging und dass sie deswegen ein ausgeglicheneres Bild von sich selbst besaßen. Das heißt, Konsum und Status – also Dinge im Außen – waren für das Wohlbefinden und das Selbstbewusstsein unserer Eltern und Großeltern wichtig. Sie waren emotional abhängig davon. Wenn wir heute von unserem Partner oder unseren Kindern ein bestimmtes Verhalten einfordern, damit es uns gut geht, ist das Prinzip das gleiche. Wir sind emotional abhängig von Dingen im Außen, nämlich vom Verhalten unserer Mitmenschen.

Beispiel

Katharina erzählt, dass sie mit ihrem Sohn vereinbart hatte, dass er ihr in der Küche und im Haushalt hilft. Wenn er an einem Sommertag bei ihrer Rückkehr von der Arbeit ohne Absprache nicht zu Hause war und die Küche noch so unaufgeräumt wie am Abend zuvor aussah, hatte sie ihn sofort mit Hausarrest bestraft, damit er es wieder gutmachen kann. Sie war dann außer sich und gesteht, ihren Sohn in solchen Situationen öfter geschlagen zu haben. Nachdem er begonnen hatte, sein eigenes Geld zu verdienen, zog er rasch aus und hat seitdem sehr wenig Kontakt zu Katharina. Heute bereut sie ihre Gefühlsausbrüche, weil sie im Grunde weiß, dass ihr Sohn regelmäßig geholfen hat und kein fauler Mensch ist. Sie glaubt auch nicht, dass er sie absichtlich verletzt hat.

Wenn wir jemanden oder etwas für unsere Gefühle verantwortlich machen, setzen wir das, was wir bei unseren Eltern und in unserem Umfeld gelernt haben, unverändert fort. Dabei spielt es keine Rolle, dass an die Stelle des Konsums und des Status jetzt unsere Mitmenschen getreten sind. Bei Katharina waren es ihr Sohn und die unaufgeräumte Küche, die ihre Gefühle plötzlich auf den Kopf stellten – beides Dinge im Außen. Wäre die Küche an einem solchen Tag entsprechend ihrer Vorstellung aufgeräumt und ihr Sohn zu Hause gewesen, wäre sie ausgeglichen und entspannt geblieben. So jedoch überschlugen sich ihre Gefühle und sie war von einem Moment auf den anderen nicht mehr in der Lage, die Situation objektiv zu betrachten. Sie war nicht imstande zu verstehen und anzuerkennen, dass ihr Sohn schlicht die Möglichkeit genutzt hat, den sommerlichen Tag zu genießen, und kam auch nicht auf die Idee, etwas Gleiches zu tun und den Tag auf einer Parkbank mit einem Buch ausklingen zu lassen. Im Gegenteil: Ihr Innenleben ließ sie nicht mehr in Ruhe und es ging ihr so lange schlecht, bis sie ihren Sohn bestrafen konnte. Erst dann stellte sich innere Erleichterung ein. Sie war in der unbewussten Überzeugung gefangen, dass das Verhalten ihres Sohnes – den sommerlichen Abend draußen der Küchenarbeit vorzuziehen – gleichzeitig gegen sie gerichtet war und fühlte sich deshalb von ihm verletzt. Diese Denkweise hat sie bei ihren Eltern gelernt, die sich, wie wir gleich sehen werden, ebenfalls häufig von ihrem Umfeld angegriffen fühlten.

Neben der Bestrafung ihres Sohnes forderte Katharina im Zustand ihrer Verletzung von ihm ein, diese Verletzung wiedergutzumachen. Das heißt, er musste ihre Gefühlswelten wieder ins Gleichgewicht bringen. Katharina war auf das angepasste Verhalten ihres Sohnes angewiesen, da sie selbst nicht in der Lage war, ihre Gefühle wieder zu ordnen. Ihr fehlte einerseits die Fähigkeit, selbst Verantwortung für ihre Gefühle zu übernehmen, und andererseits das Wissen, dass so etwas überhaupt möglich ist.

Katharina hat sich dieses Verhalten als Kind bei ihren Eltern abgeschaut. Diese haben sich ihr zufolge ständig schlecht und ungerecht behandelt gefühlt und alle möglichen Situationen und Menschen als Bedrohung ihrer selbst und ihres Wohlbefindens aufgefasst. Sie reagierten dann mit Fluchen, Schimpfen, Klagen oder Aufregen und bestärkten sich gegenseitig darin, im Recht zu sein. Dabei spielte es keine Rolle, ob es sich um eine entwendete Brieftasche im Italienurlaub handelte oder um alltägliche Dinge wie Preiserhöhungen an der Tankstelle, eine kaputte Waschmaschine oder der laute Nachbarsjunge, der mit seinen Freunden auf der Straße Fußball spielte. Nachdem Katharinas Eltern eine Weile mal mehr, mal weniger lautstark ihren Unmut geäußert hatten, ging es ihnen besser. Ihr Verhalten in solchen Situationen haben die Eltern dabei zu keiner Zeit infrage gestellt.

Katharina hat dieses Verhaltensmuster eins zu eins übernommen und bei ihrem Sohn angewendet. Dieses Verhalten hat sie so tief verinnerlicht, dass es immer wieder zu regelrechten Kurzschlussmomenten kam, in denen ihre emotionale Abhängigkeit vollkommen die Kontrolle übernahm. Erst, als ihr Sohn nach seinem Auszug kaum noch Kontakt zu ihr hielt, fiel Katharina in eine Krise und sie begann, sich und ihr Verhalten zu hinterfragen. Diese Krise wurde nicht nur dadurch ausgelöst, dass sie ihren Sohn vermisste, sondern auch durch die Tatsache, dass plötzlich niemand mehr da war, an dem sie ihre Gefühlsumbrüche so selbstverständlich auslassen konnte. Plötzlich war sie sich selbst ausgesetzt und wurde selbst mit ihren inneren Turbulenzen konfrontiert. An diesem Punkt setzte auch ihre Reflexion über ihre Kindheit und die Verhaltensmuster ihrer Eltern ein.

In unserer Kindheit haben wir die emotionale Abhängigkeit unserer Eltern jedoch nicht nur durch Erlernen übernommen, sondern sie hat auch unser Innerstes geprägt. Zu den Dingen im Außen, von denen unsere Eltern emotional abhängig waren, gehörten nämlich nicht nur Statusobjekte und materielle Dinge, sondern auch andere Menschen: wie im Falle von Katharina und ihrem Sohn. Wir waren als Kinder also nicht nur außenstehende Beobachter, die von ihren Eltern gelernt haben. Sondern wir wurden auch selbst zum Objekt ihrer emotionalen Abhängigkeit, ohne dass wir aktiv etwas dazu beigetragen haben. Wie tief die emotionale Abhängigkeit dadurch in uns angelegt wurde, wie stark sie unser Wesen durchdringt und was das letztendlich für uns und unser Leben bedeutet, können wir nur erahnen. In allem, was wir in unserem Leben in Verbindung mit unseren Eltern und dem uns nahestehenden Umfeld erfahren haben, waren wir gleichzeitig und zu jedem Zeitpunkt auch das Objekt ihrer emotionalen Abhängigkeit. Dieser ununterbrochene Prozess ist ein allumfassender, integraler Teil unseres Lebens und unserer Gefühlswelt.

Um dies besser zu verstehen, ist es hilfreich, Katharinas Schilderungen aus der Perspektive ihres Sohnes zu betrachten: Ihm wurde beigebracht, dass die Küche immer aufgeräumt sein musste, wenn seine Mutter nach Hause kommt. Zusätzlich hat er indirekt und unbewusst eingeprägt bekommen, dass er mit seinem Verhalten dafür sorgen muss, die Gefühle seiner Mutter im Gleichgewicht zu halten beziehungsweise diese wieder ins Gleichgewicht zu bringen, wenn er sich nicht wie erwartet verhält. Erfüllte er die Erwartungen seiner Mutter, war er ein guter Sohn. Wenn er sich nicht anpasste, seinem eigenen Willen nachging und trotz unaufgeräumter Küche den Nachmittag draußen verbrachte, geriet seine Mutter aus ihrem emotionalen Gleichgewicht und er wurde dafür bestraft und sogar geschlagen. Er war also immer integraler Bestandteil – oder anders gesagt: Objekt – der emotionalen Abhängigkeit seiner Mutter, dem er sich unterordnen musste. Er konnte sich dieser Situation erst entziehen, indem er auszog und dadurch in der Lage war, den Kontakt zu ihr zu begrenzen.

Menschen mit solchen Erfahrungen, wie Katharinas Sohn sie gemacht hat, werden in ihrem späteren Leben oft von dem Gefühl begleitet, nicht richtig zu funktionieren, und sie glauben, dass mit ihnen etwas nicht in Ordnung ist. Darunter leiden dann wiederum die Beziehungen zu ihren Mitmenschen, sodass sich der Kreis wieder schließt. Diese Spirale zieht sich oft über Generationen hinweg und kann erst aufgelöst werden, wenn wir beginnen, uns mit dieser emotionalen Abhängigkeit auseinanderzusetzen.

Kapitel 8: Verdrehungen

Die zweite Ursache, wieso wir in emotionalen Abhängigkeiten gefangen sind, kann am besten als „Verdrehung" bezeichnet werden. Diese Verdrehung fand in unserer Kindheit auf allen Ebenen unseres Erlebens statt und umfasst somit unsere Gefühle, Bedürfnisse, Wünsche und Äußerungen bis hin zu unseren Gedanken. Mit anderen Worten also alles, was unserem Inneren entspringt und uns als individuelle Persönlichkeit ausmacht. Es geht im Kern darum, dass unsere Bedürfnisse und Mitteilungen, die wir an unsere Eltern gerichtet haben, nicht auf fruchtbaren Boden gestoßen sind. Das kann unterschiedliche Gründe gehabt haben: Sie wurden nicht gehört, nicht wahr- oder ernst genommen oder schlicht ignoriert. Stattdessen wurden sie durch die Vorstellungen, Gefühle und Wünsche unserer Eltern ersetzt und an deren Bedürfnisse angepasst. Dabei wurde uns als Kind vermittelt, dass wir im Grunde genommen ja etwas ganz anderes wollten: nämlich das, was unsere Eltern als richtig, angebracht oder besser erachteten.

Beispiel

> Solveig wünschte sich als Kind nichts sehnlicher, als Gitarre zu spielen. Ihre Eltern hingegen meldeten sie zum Klavierunterricht an, da dies angeblich besser für sie war und sie später noch dankbar sein würde, Noten lesen zu können. Später wollte Solveig im Volleyball-Team ihrer Schule mitspielen. Doch ihre Eltern schickten sie zum Tanzunterricht, da sie ja eigentlich viel lieber tanzen würde. Zum Geburtstag wünschte sie sich eine CD ihrer Lieblingsband. Stattdessen bekam sie jedoch Farben und eine Leinwand geschenkt, da sie laut ihren Eltern immer so gerne Kunst mochte. Vergleichbare Situationen gab es zahlreiche in ihrem Leben. Egal, was sie sich wünschte: Ihre Eltern überredeten sie zu etwas anderem. Sie wussten immer besser, was für Solveig das Richtige war, und jedes Mal musste sie

nachgeben, denn ihre Wünsche fanden einfach kein Gehör. Heute fühlt sie sich innerlich stumpf: so, als würde sie keine Freude in sich fühlen. Die Leichtigkeit des Lebens ist ihr schon lange abhandengekommen, sie hat das Gefühl, am Leben vorbeizuleben, und empfindet ihr Leben als leer. Sie kann sich weder zu Musik noch zu Sport motivieren, leidet an Übergewicht und geht nur ungern unter Menschen.

Wenn unsere Eltern uns als Kind auf eine Weise bevormunden, wie es bei Solveig passiert ist, hat das nicht zu unterschätzende Folgen für unser späteres Leben. Unsere eigenen Bedürfnisse und Wünsche werden nicht nur nicht ernst genommen und durch die Wünsche und Ansichten unserer Eltern ersetzt. Wir bekommen zudem das Gefühl vermittelt, dass unsere Wünsche ja eigentlich denen der Eltern entsprechen, nur sind wir ihrer Meinung nach als Kind noch nicht in der Lage, dies ohne elterlichen Hinweis selbst zu erkennen. Auf diese Weise werden unsere Gefühle und unser gesamtes Inneres verdreht und auf den Kopf gestellt. Wir bekommen nie die Chance, wichtige eigene Erfahrungen zu machen, uns auszuprobieren und eine eigene Persönlichkeit und einen eigenen Geschmack zu entwickeln. Wir wissen dadurch nicht, was es bedeutet, unserem Inneren zu folgen. Wir haben jegliches Gefühl für uns verloren oder dafür, was für uns wahr und falsch ist. Auch haben wir nicht gelernt, uns selbst in uns zu finden. Letzten Endes sind wir innerlich abgestumpft und uns fehlt im weiteren Verlauf unseres Lebens die Orientierung.

Verdrehungen können auch andere Auswirkungen haben, wie ein weiteres Beispiel verdeutlicht:

Beispiel

Matthias hat Schwierigkeiten, sich in seinem Leben zu entscheiden. Eigentlich musste er nie Entscheidungen treffen, da seine Mutter das immer für ihn übernommen hat. Seit sie jedoch nicht mehr lebt, merkt er, dass er oft nicht weiß, wie er sich verhalten soll. Jedes Mal, wenn Matthias eine Entscheidung treffen muss, fühlt er sich enorm unter Druck gesetzt und bekommt starke Schweißausbrüche.

Indem Matthias' Mutter von Anfang an alle Entscheidungen für ihn getroffen hat, musste sie ihn im Gegensatz zu Solveigs Eltern nicht mehr davon überzeugen, dass ihre Entscheidungen besser sind als seine eigenen. Denn Matthias hat sich seiner Mutter unbewusst immer stark angepasst, um ihren Wünschen und Vorstellungen zu entsprechen. Er hat gar nicht erst den Raum bekommen, eine eigene Meinung zu entwickeln. Auch dies stellt eine Verdrehung dar, die jedoch in einem noch früheren Stadium begonnen hat als bei Solveig. So konnte sich Matthias dieser Problematik im Gegensatz zu Solveig erst nach dem Tod seiner Mutter bewusst werden, als er plötzlich selbst Entscheidungen treffen und Verantwortung übernehmen musste.

Die Verdrehung unserer Gefühle, Wünsche und Ansichten vollzieht sich auch regelmäßig in alltäglichen Situationen, die so unbedeutend erscheinen, dass wir ihnen meist gar keinen Wert beimessen. Doch sie ziehen grundsätzlich die gleichen Folgen nach sich wie Situationen, in denen die Verdrehung wesentlich offensichtlicher zutage tritt.

Beispiel

> Jennifer erblickt in der Fußgängerzone einen Eisverkäufer und möchte ein Eis haben. Ihre Mutter ist jedoch knapp bei Kasse und zudem in Eile, da die Parkuhr ausläuft. Sie zieht also einen Lutscher aus ihrer Tasche, leckt ihn mit einem „Mmhh …" ab, steckt ihn Jennifer in den Mund und überzeugt sie so davon, dass sie doch bestimmt viel lieber den leckeren Lutscher haben will als das Eis.

Es wäre beiden viel mehr geholfen gewesen, wenn die Mutter ihre Tochter als Individuum ernst genommen und ihr einfach erklärt hätte, wieso sie jetzt kein Eis haben kann. Gleichzeitig hätte die Mutter ihr auf

Augenhöhe mitteilen können, dass sie das Eisessen ein anderes Mal nachholen und sich dann bewusst dafür Zeit nehmen werden.

Die Verdrehung unserer Gefühle, Gedanken, Wünsche, Bedürfnisse und Ansichten, das heißt: grundsätzlich von allen Dingen, die uns beschäftigt haben, basierte immer darauf, dass unsere Eltern uns erst dann positive Gefühle entgegengebracht haben, wenn wir uns ihnen angepasst und so funktioniert haben, wie es ihren eigenen Bedürfnissen entsprochen hat. Erst, wenn es ihnen gut mit uns ging, haben sie uns das Gefühl gegeben und uns wissen lassen, dass es uns auch gut ging. Zuneigung und Akzeptanz gab es also nur, wenn wir uns gegen unser Inneres entschieden haben. Auf diese Weise haben wir gelernt, dass wir unseren eigenen Gefühlen, Wünschen und Bedürfnissen nicht trauen können und diese falsch sein müssen, da wir auf sie ja regelmäßig keine positiven Reaktionen bekommen haben. In der Konsequenz haben wir verinnerlicht, dass wir so, wie wir sind, falsch sind. Dadurch fühlen wir uns als Erwachsene oft hin- und hergerissen, haben Schwierigkeiten, uns zu entscheiden, und sind nicht in der Lage, auf unser Bauchgefühl zu hören. Infolgedessen haben wir ständig mit Problemen zu kämpfen, da wir uns auf die falschen Menschen einlassen, einen Beruf ergreifen, der nicht zu uns passt, und den dadurch aufgebauten Frust an unseren Mitmenschen auslassen, was unsere Probleme noch weiter verstärkt. Wir haben durch die Verdrehungen unser Gefühl dafür verloren, was wir wollen, unseren Instinkten zu folgen und unserem Inneren zu vertrauen. Dadurch rutschen wir ebenso in die emotionale Abhängigkeit wie unsere Eltern und setzen dieses Muster bei unserem Partner und unseren Kindern fort.

Kapitel 9: Abgespaltene Anteile

Die letzte der drei zentralen Ursachen, warum emotionale Abhängigkeit einen großen Einfluss auf unser Leben hat, sind unsere abgespaltenen Anteile. Darunter sind all jene Anteile unseres Inneren zu verstehen, die zwar zu uns gehören, uns jedoch nicht mehr über unser Bewusstsein erreichen. Weder kennen wir sie noch können wir uns erinnern, wann es zu diesen Abspaltungen gekommen ist.

Wir spalten Anteile immer dann in uns ab, wenn wir eine traumatische Situation erleben, das heißt, wenn wir mit bestimmten Erlebnissen und unseren Gefühlen, mit denen wir auf dieses Erlebnis reagieren, überfordert sind. Wir können dann weder das Erlebnis noch unsere Gefühle mit den uns zur Zeit der Abspaltung verfügbaren Mitteln verarbeiten. Hierbei reichen schon Ereignisse aus wie zum Beispiel als Kleinkind von unseren Eltern für einige Zeit alleine im Auto zurückgelassen worden zu sein. Wir fühlen uns dann von ihnen zurückgewiesen und abgelehnt. Da wir in diesem Alter noch vollkommen abhängig von elterlicher Zuneigung und Hilfe waren, stellt diese Ablehnung genauso wie jede andere Form von Liebesentzug für uns eine Notsituation dar, die uns überfordert und die wir folglich als Erfahrung von uns trennen. Es kommt zur Abspaltung von Anteilen. Bei Erwachsenen kann es bei Erlebnissen wie etwa schweren Unfällen dazu kommen. Insgesamt jedoch treten Abspaltungen in der frühen Kindheit wesentlich häufiger auf als im späteren Leben.

Während der Abspaltung eines Anteils ist das leitende Gefühl immer der Schmerz. Der Schmerz nimmt im Prozess der Abspaltung eine zentrale Rolle ein. Besonders in unseren ersten Lebensjahren haben wir häufig Schmerz erlebt. Dies begann bereits nach der Geburt, als wir als Neugeborenes kopfüber an den Füßen baumelnd mit einem Klaps auf den Po unsere Reise in diese Welt begannen und, zugespitzt formuliert, so lange geschlagen wurden, bis wir anfingen zu schreien. Dieser

Schmerz setzte sich im Laufe unseres Lebens in Form zahlreicher ungewollter Trennungen von unseren Eltern fort, indem wir von Anfang an allein ein eigenes Kinderzimmer bekamen, zu wildfremden Menschen in die Kinderkrippe und Kindertagesstätte geschickt wurden oder für längere Zeit bei Verwandten bleiben mussten, da die Eltern anderen Verpflichtungen nachgehen mussten.

Auch fragwürdige Erziehungsmethoden wie etwa, uns als Kind allein schreien zu lassen, bis wir uns wieder von selbst beruhigt haben, oder jegliche Art von Bestrafung stellten für uns enorm bedrohliche Situationen dar, auf die wir mit großem Schmerzempfinden reagierten. Die Liste solcher frühkindlichen Schmerzerfahrungen ließe sich anhand unzähliger Beispiele fortführen. Manche dieser Erfahrungen und Erlebnisse mussten wir sogar wiederholt abspalten, etwa wenn unsere Eltern uns in die Kindertagesstätte brachten und wir durch diese sich täglich wiederholende Trennung von ihnen überfordert wurden.

Welche Konsequenzen eine zwischenzeitliche Trennung von den Eltern konkret haben kann, musste Bettina erleben:

Beispiel

Bettina ist Mutter einer sechs Monate alten Tochter. Sie versucht, die Zeit mit ihrem Kind sehr bewusst und achtsam zu verbringen und ihm viel Liebe zu schenken. Seit sie sich jedoch von ihren drängelnden Eltern einmal dazu hatte überreden lassen, ihnen ihre Tochter für ein Wochenende zu überlassen, schreit sie sofort los, sobald Bettina nur für einen kurzen Augenblick aus ihrer Nähe verschwindet, um zum Beispiel zur Toilette zu gehen. Sie kann seitdem gar nichts mehr allein machen, ohne dass ihre Tochter schreit. Einzig beim Vater bleibt sie ruhig. Auch bei den Großeltern hatte ihre Tochter bereits kurz nach Bettinas Weggang angefangen zu schreien und sich das ganze Wochenende nicht wirklich beruhigt, bis sie wieder von

Bettina abgeholt wurde. Insgesamt ist ihre Tochter seitdem viel unruhiger geworden.

Für das Kind ist es eine traumatische Situation, wenn die Mutter in einer Zeit, in der es noch vollständig auf seine Eltern und insbesondere auf seine Mutter angewiesen ist, plötzlich für längere Zeit nicht da ist. Das für das Kind nicht nachvollziehbare Verschwinden der Mutter wird als großer Verlust empfunden und bringt es in eine Notsituation. Es ist noch nicht imstande, diesen Verlust und diese Not zu verarbeiten und empfindet beides als äußerst schmerzhaft. Diesen Schmerz und dieses Ereignis trennt das Kind von sich ab, um nie wieder solche Schmerzen fühlen zu müssen. Es kommt also zu einer Abspaltung von Anteilen. Infolgedessen versucht das Kind seitdem, sich so passend wie möglich zu verhalten, damit die Mutter es in Zukunft nicht mehr weggibt und gibt so bereits sehr früh wichtige Anteile seiner Persönlichkeit auf. Im Falle von Bettinas Tochter liegt das für das Kind so einschneidende Erlebnis der Trennung erst kurze Zeit zurück. Aufgrund dessen wird die Tochter bei jeder noch so kurzen Abwesenheit der Mutter an diese traumatische Trennung erinnert und der alte Schmerz wird reaktiviert. Seither reagiert sie deswegen genauso wie am Wochenende bei den Großeltern.

Für den eigentlichen Vorgang der Abspaltung ist es erst einmal unerheblich, ob wir in unserer Kindheit Ablehnung wegen sogenannter Kleinigkeiten im Alltag erfahren haben oder ob die Abspaltung durch einschneidende Erlebnisse ausgelöst wurde. Grundsätzlich gilt, dass das Ausmaß und die Intensität der Abspaltungen an den Grad unseres Schmerzempfindens gekoppelt sind, das beim auslösenden Erlebnis entstanden ist. Je dramatischer und traumatischer das Erlebnis oder ganze Phasen unserer Kindheit waren, desto tiefer und umfassender fallen die Abspaltungen aus.

Abgespaltene Anteile enthalten aufgrund unserer plötzlichen und intensiven Begegnung mit Schmerz sehr viel Energie. Diese Energie ist ab dem Zeitpunkt der Abspaltung an das schmerzhafte Erlebnis gebunden und beginnt, in uns ein Eigenleben zu führen, ohne dass uns dies bewusst ist. Die abgespaltenen Anteile geistern im schlimmsten Fall unser gesamtes Leben durch unser Energiefeld. Folglich steht uns die gebundene Energie im weiteren Verlauf unseres Lebens nicht mehr zur Verfügung. Wir haben jedoch nicht nur weniger Lebensenergie, sondern diese abgespaltene Energie richtet sich fortan auch gegen uns selbst. Sie drückt weiterhin die Ablehnung, den Liebesentzug, das Gefühl des Getrenntseins und alle anderen destruktiven Gefühle in uns aus, die wir erfahren haben.

Paradoxerweise beginnen wir dann, die Erfahrung der Abspaltungen zu leben, obwohl wir diese Erfahrung ja von uns getrennt haben. Haben wir Ablehnung erfahren, lehnen wir uns selbst ab. Mussten wir mit dem Liebesentzug unserer Eltern umgehen, lieben wir uns selbst nicht. Wurden wir wie Bettinas Tochter von unseren Eltern getrennt, leiden wir unter Verlustängsten. Wir leben so auf unbewusste Art und Weise die Themen unserer Abspaltungen weiterhin aus und lassen sie so zu unseren eigenen Gefühlsmustern werden. Diese Abspaltungen geben uns das Gefühl, allein und nicht gut genug zu sein. Es fehlt uns an Selbstliebe, wir lehnen uns ab und betrachten uns nicht als wertvoll. Selbst in Gesellschaft, in unserer Partnerschaft oder in unserer Familie fühlen wir uns allein und können weder Nähe noch Vertrauen zu anderen Menschen aufbauen.

Beispiel

> Jan hat große Schwierigkeiten, sich auf andere Menschen einzulassen und Vertrauen aufzubauen. Alles in seinem Leben macht er nach dem Motto: „Ich muss mich alleine durchkämpfen, ich kann mich auf niemanden verlassen." Er merkt, dass ihn diese Einstellung im Laufe seines Lebens sehr einsam gemacht hat. Bereits als Kind hatte er wenige Freunde. Seine Eltern haben ihn sehr streng erzogen und immer Gehorsam von ihm verlangt. Mittelmäßige oder gar schlechte Schulnoten

wurden rigoros bestraft. Jan kann sich eigentlich nicht daran erinnern, als Kind einfach nur mal gespielt und sich unbeschwert gefühlt zu haben. Alles fühlte sich einsam, schwer und unglücklich an. Er nahm sich vor, als Erwachsener alles anders zu machen und glücklich zu sein. Doch immer noch begleiten ihn die gleichen Gefühle wie damals. Seine Eltern empfindet er heute als negative, frustrierte und unglückliche Menschen. Das konnte er als Kind noch nicht erkennen. Heute sieht er sich selbst in den gleichen Gefühlen gefangen.

Jan hat keine guten Erinnerungen an seine Kindheit. Dabei wird er sich an die frühkindliche Zeit, als er Anteile von sich abspalten musste, gar nicht mehr bewusst erinnern. Da wir als Kinder darauf angewiesen sind, von unserem Umfeld angenommen und versorgt zu werden, tun wir grundsätzlich alles, um unseren Eltern emotional näher zu sein. Wenn wir feststellen, dass wir für unsere Gefühle, Verhalten oder Taten – im Fall von Jan die Schulnoten – bestraft und abgelehnt werden oder in anderer Form mit Liebesentzug zu rechnen haben, passen wir uns unseren Eltern so stark wie möglich an in der Hoffnung, ihnen dadurch wieder näherzukommen. Der Liebesentzug ist für uns dabei so schmerzhaft, dass wir den Teil in uns abtrennen, von dem wir glauben, dass er von unseren Eltern abgelehnt worden ist. Dies hat auch Jan tun müssen, ohne dass ihm dies bewusst war. Auf diese Weise erhoffen wir als Kinder, von unseren Eltern wieder mehr Liebe und Anerkennung zu bekommen. Besonders in den ersten Lebensjahren ist das ein überlebenswichtiger Prozess, den wir alle durchlaufen haben.

Jede Abspaltung hat im Laufe unseres Lebens unsere Fähigkeit, Schmerz empfinden zu können, heruntergeschraubt. Damit sind jedoch auch unsere Gefühle der Liebe und Freude, des Vertrauens in das Leben, des sich Verbunden-Fühlens, der Klarheit, der Harmonie und der Neugier immer weiter abgestumpft. Wir wurden „normal". Mit abgestumpften Gefühlen konnten wir als Kind den vorherrschenden Erziehungsmethoden leichter entsprechen. Nur aus diesem Grund sind wir später in der Lage, beispielsweise unsere eigenen Kinder zu bestrafen, ohne uns selbst als Bestrafende infrage zu stellen: und das, obwohl unsere Kinder weinen und uns dadurch ihre Not mitteilen. So geben wir unsere Muster unbemerkt an sie weiter. In unserer Gesellschaft haben wir alle solche abgespaltenen Anteile in uns, weil jeder von uns diese Prozesse bis zu einem gewissen Grad durchlaufen musste und die Erziehungsmethoden, mit denen wir als Kind konfrontiert wurden, sich überall in der westlichen Welt ähneln. Deswegen ist es auch nicht verwunderlich, dass die emotionale Abhängigkeit und infolgedessen unerfüllte Beziehungen ein gesamtgesellschaftliches Problem unserer Zeit darstellen.

Abspaltungen führen außerdem dazu, dass wir den Bezug zu uns selbst verlieren und wir uns selbst nicht mehr nahe sind. Dadurch können wir wie Jan auch keine wirkliche Nähe mehr zu anderen Menschen aufbauen. Solange wir die abgespaltenen Anteile in Trennung zu uns halten – was auch immer ein unbewusster Prozess ist –, halten wir auch unsere Mitmenschen auf Distanz und lassen sie nur bis zu einem gewissen Grad an uns heran und wir uns auf sie ein. Deswegen leidet Jan heute immer noch unter Einsamkeit und fühlt sich dadurch unglücklich.

Die Auswirkungen von abgespaltenen Anteilen unterscheiden sich bei Männern und Frauen. Frauen leiden oft an übertrieben starken Verlustängsten, klammern sich stark an ihren Partner oder reagieren mit starker Eifersucht und Wut, sobald etwas einen solchen abgespaltenen Anteil in ihnen berührt. Kennzeichnend für Frauen sind also heftige Gefühlsausbrüche, die meist in keinem Verhältnis zur auslösenden Situation stehen. Männer trifft ein Kontakt mit ihrer Traumatisierung eher wie ein Kloß im Hals oder eine Faust in die Magengrube, was sie dann allein mit sich ausmachen. Sie versuchen, diese Gefühle wieder zu verdrängen, wodurch sie sich noch stärker abgrenzen und einigeln. Dadurch stumpfen sie noch mehr ab, bis sie ihre eigenen Gefühle gar nicht mehr kennen. Sowohl Männer als auch Frauen übertragen ihre Abspaltungen auf ihre Partnerschaften und führen dadurch jeder auf seine Art die emotionale Abhängigkeit in der Partnerschaft und Familie fort. Auch wenn die Übergänge der Auswirkungen unserer Abspaltungen bei Männern und Frauen fließend sind, werden wir in den folgenden Kapiteln sehen, wie sich solche Muster in der Partnerschaft ergänzen und sogar bedingen.

Kapitel 10: Eine kurze Gedankenpause

Bevor wir uns weiter in die Materie vertiefen und uns damit beschäftigen, was wir tun können, um Beziehungen der neuen Zeit in unserem Alltag leben zu können, werfen wir noch einmal einen Blick zurück auf das, was wir bis jetzt erfahren haben. Wir erinnern uns: Im Gegensatz zu früheren Generationen unterscheiden sich die heutigen Lebensweisen der meisten Menschen in puncto Liebe, Gefühle und Beziehungen bereits sehr stark. Dies hängt damit zusammen, dass wir viele Abhängigkeiten, Verpflichtungen und soziale Zwänge hinter uns gelassen haben. Dies ist ein Zeichen der neuen Zeit und diese neue Zeit ermöglicht es uns, Beziehungen zu führen, die in vielfacher Hinsicht freier, ehrlicher, tiefgehender und authentischer sind. Die Voraussetzungen hierfür sind geschaffen, und doch stecken viele von uns noch in alten Mustern fest und wiederholen ungewollt Beziehungsmuster ihrer Vorgängergenerationen.

Der Grund hierfür ist, dass wir ein zentrales Element in unserer Entwicklung hin zu einem erfüllten und freien Dasein noch nicht erkannt und überwunden haben. Dabei handelt es sich um die emotionale Abhängigkeit. Diese Abhängigkeit ist in unserer Kindheit entstanden. Hierbei lassen sich drei zentrale Ursachen unterscheiden: Erstens haben wir sie bei unseren Eltern erlernt und eingeprägt bekommen. Zweitens hat sie sich in unserem Inneren verankert, als unser Inneres auf verschiedenste Art und Weise verdreht wurde. Und drittens haben traumatische Erfahrungen und Liebesentzug großen Schmerz in uns erzeugt, der dazu geführt hat, dass wir Anteile von uns in uns abgespalten haben und diese seitdem unbewusst unser Leben dominieren und es erschweren.

In den nächsten Kapiteln werden wir uns damit beschäftigen, wie sich unsere emotionale Abhängigkeit auf unseren Alltag und unsere Beziehungen auswirkt. Dabei werden wir einerseits sehen, dass zahlreiche Gefühle wie etwa Wut, Hass oder Angst in dieser Abhängigkeit begründet liegen. Das gilt auch für viele Lebenssituationen oder Verhaltensweisen, die wir als belastend und schwer empfinden und bei denen es uns selbst nach Jahren nicht gelingt, sie hinter uns zu lassen und uns darüber hinaus zu entwickeln.

In jedem dieser Gefühle und in all diesen mal mehr, mal weniger großen Krisen stecken immer auch Möglichkeiten zur Änderung, Verbesserung, Überwindung und Befreiung hin zu erfüllteren Beziehungen und damit zu einer höheren Lebensqualität. Diese Möglichkeiten, die sich uns im Grunde genommen tagtäglich anbieten, gilt es zu erkennen, zu ergreifen und schließlich in die Tat umzusetzen. Wir müssen also tätig werden, denn ohne Änderungen unserer Gewohnheiten, unseres Denkens, Fühlens, Handelns und Verhaltens wird sich auch nichts in unserem Leben verändern. Doch wir können erst dann aktiv werden, wenn wir uns und unser Handeln erkennen und verstehen. In den folgenden Kapiteln werden wir uns das hierfür notwendige Wissen Stück für Stück erarbeiten.

Kapitel 11: Wege aus der emotionalen Abhängigkeit

Die emotionale Abhängigkeit ist einer der zentralen Faktoren, der unsere Beziehungen zu unseren Mitmenschen erschwert. Wir müssen also Wege finden, wie wir uns aus dieser Abhängigkeit lösen können, damit wir die Möglichkeiten und Chancen, welche die neue Zeitqualität für uns bereithält, nutzen können. Denn nur dann kann es uns gelingen, erfüllte und inspirierende Beziehungen zu führen, in der beide Partner voller Vertrauen jeweils ihren eigenen Weg gehen können, um innerlich zu wachsen. Daran wird letztendlich auch die Beziehung wachsen.

Die emotionale Abhängigkeit ist ein komplexes Phänomen und es ist nicht leicht, sie auf Anhieb zu verstehen. Einerseits haben wir festgestellt, dass wir alle davon betroffen sind. Wir haben eine solche Abhängigkeit in unserer Kindheit entwickelt, was uns das spätere Leben erschwert. Andererseits ist diese Abhängigkeit nahezu niemandem bewusst, da sie tief in unserem Inneren verborgen liegt und sich auch nie klar und deutlich, sondern immer in anderer, versteckter Form zu erkennen gibt.

In Beziehungen – dem Thema dieses Buches – äußern sich emotionale Abhängigkeiten in erster Linie in Form von Konflikten mit dem Partner. Wir treten mit unserer emotionalen Abhängigkeit immer dann in Kontakt, wenn wir uns oder unserem Partner gegenüber destruktive Gefühle wie etwa Wut, Ablehnung, Einsamkeit, Eifersucht oder einen Mangel an Liebe und Aufmerksamkeit empfinden. Die Konflikte können sehr verschieden sein. Jedoch liegen sie alle in den Erfahrungen unserer Kindheit begründet. Da bei vielen Menschen die meisten Konflikte in der Partnerschaft und der Familie stattfinden, lohnt es sich oft doppelt, dass wir uns über den Weg der Beziehungen mit unserer emotionalen Abhängigkeit und unseren inneren Konflikten auseinandersetzen: Nirgends ist der Zugang dazu leichter und kein anderer Bereich unseres

Lebens kann so stark davon profitieren, dass wir diese Abhängigkeit in uns lösen.

Unsere Partnerschaft kann uns helfen, all die unangenehmen Aspekte, denen wir in unserem Leben aus dem Weg gegangen sind, erneut kennenzulernen. Unter diesem Gesichtspunkt stellt eine partnerschaftliche Beziehung eine Gemeinschaft dar, in der beiden Partnern ein Raum für Selbstentwicklung und Selbstheilung eröffnet wird. Eine solche Beziehung ist ein wahres Geschenk. Das Gegenteil wäre eine unbewusste Beziehung, in der wir den anderen für unseren eigenen Vorteil benutzen, ihn wegen unserer eigenen inneren Konflikte angreifen, unsere Launen an ihm auslassen oder ihn als selbstverständlich betrachten und ihm keine Freiräume lassen. Es ist grundsätzlich möglich, innere Konflikte auch ohne Partner zu lösen. Doch wir können den Prozess wesentlich erleichtern und beschleunigen, wenn wir eine Resonanzperson haben, die uns nahe ist, und diese Person auf uns und wir auf sie reagieren. Das ist in Partnerschaften am intensivsten gegeben.

Zu einem solchen Prozess gehören auch Krisen und Phasen der Unsicherheit. In kritischen Momenten sollten wir uns immer vergewissern, dass wir genau diesen Punkt, die so schmerzhafte Krise, nur durch unseren Partner berühren konnten: seien es Momente, in denen wir alles infrage stellen (sei es unser Partner und unsere Beziehung, aber auch oft uns selbst) oder seien es Momente, in denen wir vielleicht sogar bereit sind, unsere Beziehung zu beenden, weil wir unsere Gefühle, die gerade Achterbahn spielen, nicht mehr aushalten können. Das sind die Zeiten, in denen sich Chancen für Veränderung, Entwicklung und Wachstum eröffnen – dank unseres Partners und der Beziehung, die wir mit ihm führen. Daher ist es in solchen Momenten trotz der schwierigen Phase umso wichtiger, nicht wegzulaufen oder sich nach Alternativen – sprich: nach einem anderen Partner – umzusehen, sondern die angestoßenen inneren Prozesse zu transformieren und die darin verborgenen Blockaden und inneren Konflikte zu lösen.

Nüchtern betrachtet sollten wir diese Krisen, in denen viele von uns zu zweifeln beginnen, am meisten wertschätzen. Denn ohne unseren Partner und unsere Beziehung könnten wir unsere inneren Blockaden und Konflikte und die damit verbundenen Entwicklungsmöglichkeiten wohl erst sehr viel später oder vielleicht auch nie erkennen. Wählen wir den vermeintlich einfacheren Weg und begeben uns weg aus der Krise in eine neue Beziehung, wird der Prozess unterbrochen und in die Länge gezogen. Denn es kann lange dauern, bis sich wieder eine Gelegenheit ergibt, in der wir von einem neuen Partner wieder zu diesem Punkt geführt werden und uns damit erneut die Chance eröffnet wird, diese Blockade endgültig in uns zu transformieren. Die Krise ist der magische Zeitpunkt, an dem beide Partner ihre Muster, ihre inneren Konflikte und Blockaden erkennen können und sich diesen intensiver widmen sollten.

Unsere eigene persönliche Entwicklung hat auch immer Einfluss auf unseren Partner. Jeder Schritt, den wir in unserer Entwicklung für uns selbst gehen, zieht nach sich, dass auch unser Partner sich selbst besser kennenlernt, Schritte auf seinem Entwicklungsweg weitergeht und verletzte Aspekte in sich heilen kann. Heilen wir uns selbst, so heilen wir auch unsere Beziehung. Deshalb sollten wir unseren Partner und unsere Beziehung wertschätzen, um gemeinsam in einem geborgenen Raum das auszugraben, was uns blockiert und was uns tief verletzt hat. Wir entdecken, was als Blockade, in gelöster Form aber letztendlich als Potenzial in uns steckt. Unser Partner kann uns helfen, dieses Potenzial zu entfalten, und ebenfalls daran wachsen. Unsere Beziehung bewegt sich dann in einer Spirale aufwärts und bleibt lebendig, intensiv und voller Respekt und Liebe. Auf diese Weise bleiben wir, ähnlich wie am Anfang unserer Beziehung während der Kennenlernphase, langfristig neugierig darauf, wie wir uns und wie sich unser Partner und unsere Beziehung entwickeln werden.

Der Weg aus der emotionalen Abhängigkeit und aus unseren inneren sowie den daraus entstehenden äußeren Konflikten besteht vor allem aus zwei Schritten. Zuerst geht es darum, dass wir uns dieser Abhängigkeit überhaupt bewusst werden und uns mit diesem Thema und seinen weitreichenden Konsequenzen für unser gesamtes Leben einschließlich unserer Partnerschaft auseinandersetzen. Danach besteht unsere Aufgabe darin, Verantwortung zu übernehmen. Wie es uns gelingen kann, diese beiden Schritte hin zu einer erfüllten und konfliktärmeren Partnerschaft zu gehen, schauen wir uns in den folgenden Kapiteln an.

Kapitel 12: Bewusstwerdung

Partnerschaftliche Konflikte werden in der Regel durch äußere Faktoren ausgelöst. Ihren Ursprung haben sie jedoch immer in unserem Inneren. Für jeden Konflikt, den wir in unserer Partnerschaft austragen, gibt es auf der unbewussten Ebene bereits ein inneres Gegenstück.

Beispiel

> Susanne ist der festen Überzeugung, dass ihr Mann sie nicht respektiert. Sie merkt es bereits morgens, wenn sie nach ihm ins Bad geht und regelmäßig feststellen muss, dass er die Zahnpastatube so ausgedrückt hat, dass die Tube hinten voller ist als vorne. Er tut dies, obwohl er genau weiß, dass Susanne Wert darauf legt, dass er sie erst von hinten ausdrücken soll, weil sie sonst an den Seiten aufzuplatzen droht. Sie regt sich dann sehr über ihren Mann auf, der daraufhin immer mit derselben Antwort reagiert: Er sei eben noch müde. Dies regt sie noch mehr auf und ihr Tag ist dann vollkommen im Eimer. Einzig am Wochenende kann sie besser damit umgehen, dass ihr Mann sie nicht respektiert, und sie achtet dann weniger auf die Zahnpastatube, um sich nicht auch noch das Wochenende von ihm verderben zu lassen.

In Susannes Fall ist die Zahnpastatube natürlich nicht das eigentliche Problem, sondern ihre unbewusste Wut, die an ungelöste innere Konflikte geknüpft ist. Jedes Mal, wenn sie die nicht korrekt ausgedrückte Zahnpastatube erblickt, passieren in ihr zwei Dinge: Sie verurteilt ihren Mann und bezichtigt ihn, sich ihr gegenüber respektlos zu verhalten. Außerdem kommt sie durch die falsch ausgedrückte Zahnpastatube mit ihrer unbewussten Wut in Kontakt. Der innere Vorgang in ihr läuft immer nach dem gleichen Prinzip ab: Auf dem Weg ins Badezimmer, bevor ihr die Zahnpastatube in den Sinn kommt, entsteht in ihr eine unbewusste Anspannung und ihre Wut baut sich auf.

Sobald sie die Tube dann falsch ausgedrückt im Regal liegen sieht, explodiert die Wut in ihr und Susanne findet keine Ruhe mehr. Ist die Zahnpastatube hingegen richtig ausgedrückt, verpufft ihre aufgebaute Wut für den Moment wieder und die innere Anspannung lässt erst einmal nach. Ihre unbewusste Wut bleibt jedoch bestehen und wartet darauf, dass sie sich an anderer Stelle entladen kann. Aufgrund ihrer unbewussten Wut ist Susanne eher ein unruhiger und leicht reizbarer Mensch. Diese Wut existiert bereits seit jeher in ihrem Inneren und hat nicht wirklich etwas mit ihrem Mann zu tun. Ohne diese Wut wäre ihr die Art, wie die Zahnpastatube ausgedrückt wird, eher egal. Das wird zum Beispiel am Wochenende deutlich, wenn Susanne entspannter und ausgeschlafen ist und ihre innere Anspannung und Wut kaum eine Rolle spielen.

Dadurch, dass Susanne ihre Wut an ihrem Partner auslässt, sind Konflikte in ihrer Partnerschaft vorprogrammiert und sie werden solange in einer Dauerschleife wiederholt, bis sie sich ihrer Wut annimmt. Würde ihr Mann irgendwann ihrem Wunsch nachkommen und die Zahnpastatube ordnungsgemäß ausdrücken, wäre dieser äußere Konflikt zwar gelöst, aber das eigentliche Problem – nämlich Susannes innere Wut – würde weiterbestehen und sich einen neuen Auslöser suchen, zum Beispiel ein nicht aufgeräumtes Schuhregal. Susanne muss lernen zu erkennen, dass ihr Partner die Zahnpastatube nicht absichtlich so liegenlässt, sondern dass es seine Art ist, unter der Woche so mit seiner morgendlichen Müdigkeit umzugehen. Außerdem besteht ihre Aufgabe darin zu erkennen, dass sie es ist, die auf diese Art und Weise eine Distanz zu ihrem Partner aufbaut, wenn sie ihre Wut an ihm auslässt und ihn der Respektlosigkeit beschuldigt. Diese Distanz macht es für beide Partner schwer, sich dazu zu überwinden, sich wieder anzunähern. Jedes Wutgefühl in Susanne gegenüber ihrem Mann hält die Distanz zu ihm weiterhin aufrecht.

Wir müssen verstehen lernen, dass unsere Gedanken, Gefühle und Reaktionen – vor allem die unangenehmen und schwer kontrollierbaren –

auf einen Mitmenschen, eine Sache oder eine Situation niemals zufällig auftreten. Sie sind immer ein Wegweiser hin zu unseren inneren und meist tief unbewussten Konflikten, die uns in unsere Vergangenheit führen. Jedes Mal, wenn wir starke Gefühlsumbrüche durchleben und destruktive Gefühle und Gedanken unseren Körper und Geist durchfluten, öffnen sich Türen in unsere eigene Vergangenheit – obwohl wir der Meinung sind, dass unser Partner die Schuld daran trägt. Unser Gefühl hat dann jedoch wenig oder rein gar nichts mit der gegenwärtigen Situation gemein. Es zieht uns stattdessen unkontrolliert und plötzlich in die Vergangenheit und lässt uns in der Gegenwart nicht mehr rational und klar denken und handeln, was zu Beziehungsproblemen wie einer falsch ausgedrückten Zahnpastatube führen kann.

Wenn wir uns bei Problemen im äußeren Leben eine Änderung wünschen, müssen wir den Blick auf unser Inneres richten. Denn solange wir unseren eigenen Anteil an den jeweiligen Konflikten nicht kennen, wird sich auch in unserem äußeren Leben nichts verändern. Wir müssen jedes Problem erst in uns lösen. Ein weiteres Beispiel kann uns helfen, dieses Prinzip noch besser zu verstehen.

Beispiel

Stefan leidet darunter, dass seine Frau immer wieder von einem Moment auf den nächsten äußerst schlecht gelaunt ist. Sie beginnt, ihn dann vollkommen grundlos anzugreifen und ihm Vorwürfe zu machen. Er berichtet weiter, dass er es nicht schafft, dass sie sich wieder näherkommen: egal, was er sagt oder tut. Selbst wenn er in diesen Momenten alles versucht, um es seiner Frau recht zu machen, und sich selbst vollkommen aufgibt, streitet sie weiter und nichts ändert sich. Erst nach einer Weile, wenn seine Frau irgendwann von selbst wieder ruhiger wird, ist die Streitphase vorbei. Dann darf er das Thema jedoch nicht ansprechen, weil seine Frau sich schämt oder ihn von neuem mit Vorwürfen konfrontiert.

Es ist vollkommen natürlich, dass beide Partner in der Vergangenheit ihre eigenen Erfahrungen gemacht haben und jeder seine eigenen Muster emotionaler Abhängigkeiten in sich trägt. In den meisten Beziehungen bewegen sich beide Partner überwiegend in ihrer eigenen Vergangenheit. Würden sie keinen emotionalen Ballast mit sich herumtragen, wäre der Umgang miteinander auf vollkommen natürliche Art und Weise frei, hingebungsvoll, offen, selbstbestimmt und liebevoll. Wir übertragen unsere inneren Konflikte der Vergangenheit in unsere Partnerschaft und versuchen, sie so zu lösen – auch dies ist ein unbewusster Prozess. So entstehen viele neue Konflikte, die uns wiederum sehr bewusst sind, da sie im ungünstigsten Fall einen zentralen Teil unseres Alltags einnehmen. Auf diese Weise werden Partnerschaften oft zu regelrechten Mülldeponien unserer Altlasten.

Auch Stefan musste irgendwann überrascht feststellen, dass er sich in seinen Partnerschaften eigentlich schon immer für seine Partnerinnen aufgeopfert hat. Er hat auf Biegen und Brechen versucht, es ihnen recht zu machen, um Konflikte oder gar eine Trennung zu vermeiden. Es war ihm immer wichtiger, sich den Forderungen seiner jeweiligen Partnerin anzupassen statt sich zu trennen. Dieses Verhalten war normal für ihn, obwohl ihm immer bewusst war, dass er zwar jederzeit für seine Partnerin da war, sie jedoch nicht für ihn.

Hier gibt es Parallelen zu seiner Kindheit. Damals nahm seine Mutter den ganzen Raum ein. Er musste immer dafür sorgen, dass es ihr gut ging. Es ging ständig nur um sie, seine Gefühle und Bedürfnisse wurden immer hinten angestellt. Er hat sich von seiner Mutter nie wirklich wahrgenommen oder geliebt gefühlt. Das ging so weit, dass er nach der Scheidung seiner Eltern nach und nach alles aufgegeben hat, um seiner Mutter näher zu sein und mehr Liebe von ihr zu bekommen. Heute führt er dieses Muster unbewusst in seinen Beziehungen fort. Er lässt sich auf Partnerinnen ein, die von ihm immer mehr einfordern, je mehr er sich für sie aufopfert. Sie respektieren Grenzen im Laufe der Beziehungen immer weniger und sie biegen ihn so für sich zurecht, wie sie es brauchen.

Dieses Verhalten seiner Partnerinnen vollzieht sich ebenfalls unbewusst. Stefan muss sich also damit auseinandersetzen und lernen, welcher Sog in ihm ihn so stark in immer wieder die gleiche Art von Konflikten hineinzieht, bei denen er sich regelmäßig selbst aufgibt. Er muss ein Bewusstsein für sein Verhalten und seine sich wiederholenden Probleme entwickeln.

Sämtliche zwischenmenschlichen Konflikte, die wir in unserem Leben austragen, haben ihre Wurzeln in der Vergangenheit. Einen wichtigen Punkt stellt hierbei der Faktor der Wiederholung dar. Jedes Mal, wenn wir in einem Konflikt mit unserem Partner feststellen, dass sich Themen, Ereignisse und Abläufe wiederholen und wir immer wieder die gleichen Gefühle wie zum Beispiel Ungerechtigkeit, Einsamkeit, Mangel an Liebe oder Aufmerksamkeit, Wut auf den Partner oder auf uns selbst empfinden und uns mit solchen destruktiven Gefühlen konfrontiert sehen, müssen wir dies als Hinweis nehmen, dass unsere Reaktionen und Gefühle in dieser Situation etwas mit unserer Vergangenheit zu tun haben: Deswegen sind wir erneut in dieser Situation gelandet.

Das bedeutet auch, dass wir vergangene und sich wiederholende Konflikte mit unserem Partner in uns noch nicht endgültig gelöst haben und wir unser inneres Problem, das den wahren Ursprung des Konfliktes darstellt, noch nicht erkannt haben. Nur deshalb wiederholen sich immer wieder ähnliche oder gar gleiche Situationen in unserer Partnerschaft und wir bekommen das Gefühl, uns im Kreis zu drehen und einfach nicht weiterzukommen. So muss auch Stefan immer wieder feststellen, dass seine Beziehungen nach dem gleichen Prinzip ablaufen und er sich wieder und wieder aufopfert.

Dieses Prinzip ist nicht auf Partnerschaften beschränkt, sondern es gilt auch für andere Lebensbereiche. Ein typisches Beispiel ist zum Beispiel der wiederholte Verlust des Arbeitsplatzes aufgrund eines schwierigen Verhältnisses zu Kollegen oder sich regelmäßig wiederholende Konflikte mit Vorgesetzten. So ist es Christian ergangen.

Beispiel

Christian schafft es einfach nicht, mit seinem Chef auf einen Nenner zu kommen. Obwohl beide gegenseitig ihre Arbeit und Leistung wertschätzen, eskalieren ihre Diskussionen immer wieder und münden in heftige Streits, in denen Christian aufgrund seiner Stellung seinem Chef gegenüber den Kürzeren zieht. Dieser bauscht sich dann auf, hat nur noch fadenscheinige Argumente parat und wird menschlich angreifend und ungerecht. Obwohl Christian sich des Verhaltens seines Chefs bewusst ist, passiert es ihm immer wieder, dass er sich in solche Situationen hineinziehen und in Streit verwickeln lässt, bei denen er von vorneherein auf verlorenem Posten steht.

Auch Christian sieht sich damit konfrontiert, dass sich Situationen in seinem Leben wiederholen. Er lässt sich in seiner Gutgläubigkeit ausnutzen. Nachdem er diese Konflikte für sich genauer untersucht hatte, fand er heraus, dass sie immer nur dann entstanden sind, wenn er eigene Forderungen gestellt hatte. Solange er positive Zahlen lieferte, seine Projekte gut liefen, sein Team effektiv arbeitete und er dabei die Erwartungen des Chefs meist sogar übertraf, lief alles konfliktfrei ab. Auch wenn der Chef neue Projekte in Christians Arbeitsbereich in Auftrag gab und Christian diese der Harmonie wegen ohne weitere Worte mit abarbeitete, kam es zu keinerlei Reibungspunkten. Als Christian jedoch wegen seiner steigenden Verantwortung und der guten Ergebnisse um eine Anpassung seines Lohnes an das Gehalt von Kollegen in gleicher Position bat, reagierte sein Chef ablehnend und unfair. Mit jedem neuen Projekt versprach er Christian zwar vage Verbesserungen, die es am Ende jedoch nie gab.

Im Zusammenhang mit diesem Konflikt hat sich Christian tiefer mit sich und seinem Inneren beschäftigt und dabei Parallelen zu seiner Kindheit erkannt. Damals erhoffte er sich vergeblich Anerkennung von seinem Vater. Er brachte in der Schule und beim Sport kontinuierlich bessere

Leistungen und fühlte sich dennoch abgelehnt. Genauso ergeht es ihm heute mit seinem Chef. Durch diese Parallele hat er in seinem Verhalten das Kind in sich erkannt, welches damals von seinem Vater, heute jedoch von seinem Chef Zuwendung einzufordern versucht – vergeblich. Nach dieser Erkenntnis hat sich Christian einen neuen Arbeitgeber gesucht und dort ist es ihm gelungen, von Anfang an Grenzen zu setzen und sich respektvoll behandeln zu lassen.

Sowohl bei Christian und seinem Chef als auch bei Stefan und seiner Frau sehen wir, dass ihre alten Themen sich nicht lösen lassen, da sie immer wieder die gleichen Konflikte austragen: jedes Mal in der Hoffnung, eine endgültige Lösung zu finden. Wir müssen daher neue Wege finden, um solche Konflikte in uns zu lösen. Am Beispiel von Christian können wir sehen, dass sein Chef bei seiner Meinung bleibt, und wir können davon ausgehen, dass er diese auch in Zukunft nicht ändern wird. Christian hat irgendwann verstanden, dass er diese Situation als Lernchance nutzen kann, um innerlich an diesem Konflikt zu wachsen und um daraufhin mit Selbstvertrauen den nächsten Schritt – in seinem Fall eine neue Arbeitsstelle zu suchen – zu tun.

Eine solche Veränderung setzt voraus, dass wir wach dafür sind und uns bewusst werden, dass wir bei jedem unserer Konflikte mit anderen Menschen unseren eigenen Teil dazu beitragen – ganz unabhängig davon, ob es um den Partner, den Chef oder andere Mitmenschen geht. Unsere Aufgabe besteht darin, unseren Beitrag am Konflikt zu erkennen und anschließend zu lösen. Denken wir zurück an Stefan, so hätten wir auf den ersten Blick vermuten können, dass die Probleme einzig von seiner Frau herrühren, die scheinbar aus heiterem Himmel ihre Laune ändert und ihn mit Angriffen und Vorwürfen konfrontiert. Doch indem Stefan sich für sie aufopfert, innere Grenzen weder kennt noch ziehen kann und seinen Selbstwert aufgibt, trägt er genauso zur Aufrechterhaltung dieses Konfliktes bei wie seine Frau.

Alles, was uns in unserem Leben begegnet, hat auch immer mit uns selbst zu tun. Wir müssen den Blick von anderen weg und auf uns selbst richten. Außerdem müssen wir beginnen, uns und unsere Gefühle, unser Verhalten und unsere Kurzschlussreaktionen anzunehmen, unser Auftreten zu hinterfragen und Verantwortung dafür zu übernehmen. Das bedeutet anzuerkennen, dass auch wir unseren Beitrag zu Konflikten leisten. Wir können uns die Frage stellen, was die Gefühle, die immer wieder in uns auftauchen und unsere Beziehung verkomplizieren, uns eigentlich mitteilen wollen.

Unsere Konflikte und Probleme in der Partnerschaft unter dem Gesichtspunkt dieser Verhaltensmechanismen und -muster zu betrachten, ist der erste Schritt, uns unserer emotionalen Abhängigkeit bewusst zu werden und sie hinter uns zu lassen. Es bedarf also einer intensiven Beschäftigung mit unserem Inneren, um alte, belastende und destruktive Muster zu erkennen, unser Leben und unseren Partner wieder als Geschenk betrachten zu können und entsprechend zu handeln. Wir müssen hierfür lernen, uns selbst, unsere Gefühle, Reaktionen und Gedanken infrage zu stellen. Hierbei spielt Selbstreflexion eine sehr wichtige Rolle. Sobald wir zum Reflektieren in der Lage sind, wird es uns leichter fallen, unser Verhalten und infolgedessen unser Leben mitsamt unseren Beziehungen in eine angenehmere Richtung zu lenken.

Sobald wir uns unsere Gefühle und Taten erfolgreich bewusst machen und deshalb erkennen können, welche Konsequenzen sie nach sich ziehen, können wir uns dem zweiten Schritt hin zu einer erfüllten Beziehung widmen. Dieser besteht darin, für die in Konflikten aufkommenden Gefühle Verantwortung zu übernehmen und auf diese Weise unsere emotionale Abhängigkeit zu lösen.

Kapitel 13: Verantwortung für Gefühle und Verhaltensmuster übernehmen

Im vorherigen Kapitel haben wir gesehen, wie wichtig es für unsere Beziehung ist, ein Bewusstsein für die Situationen zu entwickeln, die immer wieder zu Konflikten führen. Doch dies reicht noch nicht aus, um unsere Beziehung dauerhaft zu verbessern und auf eine neue Ebene zu bringen. Wir müssen auch den zweiten Schritt tun und kommen daher nicht umhin, irgendwann auch Verantwortung zu übernehmen – und zwar vor allem für unsere Verhaltensmuster. Unsere Verhaltensmuster sind unser Beitrag an den Konflikten, die wir in unserer Beziehung austragen.

Das Thema Verantwortung umfasst viele Ebenen und es ist wichtig, dass wir auch die eher unangenehmen Bereiche einbeziehen. Denn nur zu leicht neigen wir dazu, genau diese Bereiche auszuschließen und vor allem an diesen entscheidenden Punkten die Verantwortung an unseren Partner abzugeben. Bei einem Konflikt müssen wir daher bereit sein, nicht nur Verantwortung für unsere Verhaltensmuster zu übernehmen, sondern wir müssen auch unsere Gedanken und Gefühle erkennen, die diesen Verhaltensmustern vorausgegangen sind. Nur so können wir unseren Beitrag wirklich erkennen und lösen.

Um auf das Beispiel von Stefan aus Kapitel 12 zurückzukommen: Sein Verhaltensmuster besteht darin, sich seiner Partnerin bis hin zur Selbstaufgabe anzupassen, sobald sie ihre Stimmung ändert und ihn mit Vorwürfen konfrontiert. Der entscheidende Moment währt nur den Bruchteil einer Sekunde und findet zwischen dem Vorwurf seiner Partnerin und seiner Reaktion in Form von Anpassung statt. Dieser Prozess geschieht unbewusst. In diesem Augenblick berührt Stefans Partnerin mit ihren Vorwürfen etwas in ihm, das ihn sofort reagieren und ihn sich anpassen lässt. Das, was sie in ihm berührt, sind alte und schmerzhafte Anteile oder Erinnerungen. Die Berührung dieser Anteile bleibt für Stefan unbemerkt. Dennoch ist dies sein Auslöser, der dafür sorgt, dass er wie automatisiert und ferngesteuert das Konfliktfeld betritt. Diese blitzartige Reaktion hat nur ein Ziel: Es soll möglichst schnell wieder Distanz zu dem unbewusst Berührten aufgebaut werden, wodurch die alten, schmerzhaften Anteile schnell wieder unterdrückt werden. Von dem Tag an, an dem Stefan es schafft, sich dem Alten und Schmerzhaften, das seine Partnerin durch ihre Vorwürfe in ihm berührt und hochholt, anzunähern und es anzunehmen, wird seine automatische Reaktion in Form von Anpassung ausbleiben und sein Leiden wird infolgedessen abnehmen. Hierbei ist es wichtig zu unterscheiden, dass es nicht um den Inhalt des Vorwurfes geht, sondern allein um die Tatsache, dass bereits ein Vorwurf als solcher in Stefan dieses Verhalten auslöst: ganz unabhängig davon, was seine Partnerin ihm schlussendlich vorwirft.

Wir müssen also diese kurzen Augenblicke, bevor wir uns in den Konflikt hineinziehen lassen, nutzen: um zu erkennen, was uns in solchen Situationen antreibt und so plötzlich reagieren lässt. Gelingt uns das, wirkt sich das langfristig nicht nur positiv auf unsere Partnerschaft, sondern auch auf andere Bereiche unseres Lebens aus. Denn dadurch werden wir insgesamt ausgeglichener, positiver und gelassener und ruhen immer öfter in unserer Mitte. Unser innerer Raum wird durch den Prozess des Annehmens größer und weiter.

In den drei Beispielen aus Kapitel 12 haben wir bereits ein Gefühl dafür bekommen, dass es nicht ausreicht, sich damit auseinanderzusetzen, ob der andere sich falsch verhält. Dadurch allein wird keine langfristige Änderung eintreten. Susannes Beziehungskonflikt wird nicht durch eine richtig ausgedrückte Zahnpastatube gelöst, sondern dadurch, dass sie sich ihrer inneren Wut bewusst wird und sich mit dieser versöhnt. Stefans unbewusste Strategie, Konflikte durch größtmögliche Anpassung zu vermeiden, hat bei ihm zu mehreren zerbrochenen Beziehungen geführt – zum Gegenteil dessen, was er eigentlich mit seinem Verhalten bewirken wollte. Seine Lösung würde darin bestehen, sich dessen bewusst zu werden und anschließend stärker für sich und seine Bedürfnisse einzustehen. Auch bei Christian konnten wir sehen, dass seine Vorgehensweise, der Harmonie wegen immer mehr Arbeit anzunehmen, nichts für ihn verändert hat. Auch er musste sich der Parallelen seiner Probleme zu seiner Kindheit bewusst werden, bevor er ein Verständnis für sich, für das Verhalten seines Chefs und für die Gesamtsituation bekommen hat und dabei erkennen konnte, dass sein Chef sein Harmoniebedürfnis ausgenutzt hat, um ihm mit vagen Versprechungen immer mehr Arbeit und Verantwortung aufzubürden. Erst, nachdem er seinen inneren Konflikt aus seiner Kindheit gelöst hat, ist es ihm gelungen, sich eine neue Arbeit zu suchen, bei seinem neuen Arbeitgeber Grenzen zu setzen und respektiert zu werden. In allen drei Fällen besteht die Lösung also darin, nach erfolgreicher Bewusstwerdung die Eigenverantwortung für die inneren Prozesse zu übernehmen.

Wir sollten also unsere bisherige Art, wie wir mit Konflikten umgegangen sind, infrage stellen und sie anschließend ändern. Schließlich kennen wir den Ausgang dieser Konflikte ja meist bereits aus ähnlichen Konflikten. Kommt es zu Wiederholungen, müssen wir davon ausgehen, dass unsere bisherige Strategie der Konfliktlösung oder - vermeidung entweder nichts an der Gesamtsituation verändert oder sogar das Gegenteil bewirkt hat und diese Konflikte sich im Laufe der Zeit verschlimmert haben. Spätestens an diesem Punkt sollten wir unsere Verhaltensmuster oder unsere Lösungsstrategien hinterfragen. Es kommt auch oft vor, dass wir in unserer Partnerschaft Konflikte austragen, bei denen wir nach einer Weile nicht mehr wissen, warum wir eigentlich streiten. Dies ist einzig dadurch möglich, da wir uns in den Sekundenbruchteilen, in denen wir das Konfliktfeld betreten, unserer Gedanken, Gefühle und Verhaltensmuster nicht bewusst sind.

Veränderungen können also nur aus uns selbst heraus entstehen und wir müssen unseren Verhaltensmustern gegenüber kritisch werden. Denn diese führen uns unbewusst, unreflektiert und reflexartig in immer wieder die gleichen Lebenssituationen. Es macht daher keinen Sinn, die Schuld beim anderen zu suchen und zu versuchen, ihn zu ändern oder ihn für sein unvollkommenes oder falsches Verhalten verantwortlich zu machen. Im Gegenteil: Wir müssen selbst Verantwortung übernehmen und das bedeutet, genau zu erkennen, wie wir in Konflikten handeln und was in uns dazu führt, dass wir immer wieder den gleichen Konflikten ausgesetzt sind. Wir müssen umfassend hinterfragen, was wir denken, fühlen und tun. Dies ermöglicht es uns, mit Konflikten anders umzugehen. An die Stelle einer automatischen, beispielsweise einer ferngesteuerten Reaktion tritt dann bewusstes und reflektiertes Handeln, was dem Konflikt die zerstörerische Energie entzieht.

Das ist für viele von uns insbesondere bei destruktiven Gefühlen eine echte Herausforderung. Nur zu leicht geben wir unserem Partner die Schuld, wenn uns Wut, Ablehnung, Zweifel, Unsicherheit oder Eifersucht überkommen. Diese Gefühle haben jedoch in erster Linie mit uns und nicht mit unserem Partner zu tun. Wir erwarten jedoch von ihm, dass er es wieder gutmacht und unsere destruktiven Gefühle für uns auflöst – ein Wunsch, den kein Partner dieser Welt erfüllen kann. Wir neigen dazu, diese Gefühle unbewusst auf unseren Partner abzuschieben, weil es uns schwerfällt, dafür selbst Verantwortung zu übernehmen. Denn wir möchten unsere destruktiven Gefühle in ihrer Intensität, wie sie sich in diesen Augenblicken zeigt, nicht fühlen. Es kommt zu der erwähnten automatisierten, quasi ferngesteuerten und reflexartigen Reaktion. Wir möchten, dass der sichtbar gewordene Schmerz schnell aufhört und der vermeintlich einfachste und schnellste Weg ist, dem Partner die Verantwortung dafür zu übertragen. Wir müssen daher erst wieder lernen, diese unwillkommenen Gefühle in uns anzuerkennen und sie selbst auszuhalten. Wir lernen dadurch wieder Aspekte von uns kennen, die wir lange abgelehnt haben und bei denen wir von unserem Partner erwarten, dass er Verantwortung dafür übernimmt.

Verantwortung für innere Konflikte und Gefühle zu übernehmen, ist nicht nur wichtig für Menschen in Beziehungen, sondern auch für Familien.

Beispiel

> Karin ist Mutter eines dreijähren Jungen und lebt mit ihm, ihrem Mann und ihrer Mutter im gleichen Haus. Karin ist sehr wütend auf ihren Sohn, da der Kleine viel lieber bei seiner Großmutter ist als bei ihr. Karin wirft ihrer Mutter vor, dass sie sich ständig in alles einmischt, was ihren Sohn betrifft. Es missfällt ihr zudem, dass er von seiner Großmutter immer Süßigkeiten bekommt, wenn sie mit ihrem Sohn streitet und ihn auf sein Zimmer schickt, wenn er sich falsch benimmt. Karins Mann hält sich aus allem heraus, als ginge es ihn nichts an. Karin hat das Gefühl, dass sich alle gegen sie verschworen haben, sodass sie am liebsten die Koffer packen und mit ihrem Sohn ausziehen würde.

Karins verfahrene Familiensituation ist das Resultat ihrer unkontrollierten Gefühle und dabei in erster Linie ihrer Wut. Diese Wut hat dafür gesorgt, dass ihr Sohn sich lieber bei seiner Großmutter aufhält, ihr Mann ungern in ihrer Nähe ist, wenn sie wütend ist, und die Großmutter das Gefühl bekommt, für ihren Enkel da sein zu müssen. Karins Aufgabe besteht also darin, Verantwortung für ihre Gefühle zu übernehmen, indem sie versucht, ihre Wut zu verstehen und wieder anzunehmen.

Das Paradoxe in diesem Fall ist, dass Karin bereits das Gefühl hat, für alles Verantwortung tragen zu müssen. Sie muss ihre eigene Mutter im Umgang mit ihrem Sohn zurechtweisen, ihren Mann anweisen, ihr bei Konflikten zum Beispiel mit der eigenen Mutter beizustehen, und ihren Sohn allein erziehen. Dennoch verhält sich jeder, wie er will, und Karin fühlt sich allein und im Stich gelassen. Zunächst muss sie deshalb erkennen, dass ihr Verhalten, wenn sie aus ihrer Wut heraus handelt, in erster Linie dazu führt, dass sich alle von ihr entfernen. Den Sohn zieht es zur Großmutter, der Mann vermeidet es, sich zu beteiligen, und die Großmutter schlägt sich auf die Seite ihres Enkels. Wenn der Kleine seiner Mutter nicht gehorcht, wird ihre Wut getriggert und Karin sieht in letzter Konsequenz nur die Möglichkeit, ihn auf sein Zimmer zu schicken. Wäre Karin hingegen in der Lage, ihre Wut zu erkennen, diese gleichzeitig nicht an ihrem Sohn auszulassen und ihm stattdessen und trotz ihrer Wut den Raum zu geben, den er in dieser auch für ihn schwierigen Lage braucht, würde das einen beruhigenden Effekt auf alle haben. Ihr Sohn würde nicht länger das Gefühl vermittelt bekommen, er sei falsch. Solange Karin die Bestrafung ihres Sohnes und das Zurechtweisen ihrer Mutter und ihres Mannes jedoch als angebracht erachtet und beibehält, wird der Keil zwischen ihr und den anderen Familienmitgliedern bestehen bleiben.

Momentan ist es noch so, dass jedes Mal, wenn ihr die Kontrolle aus den Händen gleitet, ihre Wut dazu führt, dass alle das Weite suchen. Das Gegenteil wäre angebracht, wenn sie Verantwortung für ihr Gefühl tragen möchte: Sie müsste bei aufkommender Wut selbst Abstand von den anderen nehmen und lernen, ihre Wut auszuhalten und diese einfach nur zu fühlen. Karin müsste lernen, der Wut im Körper einfach einmal Raum zu geben statt dieses Gefühl durch Zurechtweisungen anderer wieder zu unterdrücken und auf diese Weise Abstand zu ihrer Wut zu bekommen. Allein dadurch könnte sie bereits erkennen, mit welcher Kraft sie die anderen auf Distanz hält, obwohl sie das Gegenteil erreichen möchte.

Sie will ja, dass ihr Sohn ihr näherkommt und gerne mit ihr zusammen ist und nicht, dass er jedes Mal bei seiner Großmutter Zuflucht sucht. Ohne es zu merken, treibt sie ihn mit ihrem automatisierten Verhalten in Form einer Zurechtweisung weg von sich – sowohl emotional als auch räumlich, indem er auf sein Zimmer geschickt wird. Die Großmutter nutzt diese Chance und geht genau durch diese Tür, die Karin ihr öffnet. Wenn ihr Sohn unruhig ist und nicht gehorcht, braucht er mit Sicherheit etwas anderes, als auf sein Zimmer geschickt zu werden. Viel hilfreicher für ihn wäre es, wenn er in diesen Momenten jemanden hätte, der ihm zeigt, dass er so, wie er ist, in Ordnung ist: dass er in der Not, in der er sich gerade befindet, wahrgenommen wird und jemanden hat, der ihm aufzeigt, wie er mit dem unruhigen Gefühl in sich umgehen kann. Solange Karin ihre Wut unkontrolliert nach außen schleudert, werden ihre Familienmitglieder auch weiterhin eine sichere Distanz zu ihr wahren.

Karin muss in sich gehen und es wagen, den Blick nach innen zu richten und sich mit ihrer Wut auseinanderzusetzen. Es ist allein ihre Aufgabe, niemand in ihrem Umfeld kann dies für sie lösen. Wenn sie das schafft, wird ihr Sohn rasch wieder Vertrauen zu ihr aufbauen, da er nicht länger das Gefühl vermittelt bekommt, abgelehnt zu werden. Dies erfordert jedoch für ihn einen Raum von Vertrauen, Sicherheit und Geborgenheit, der zum jetzigen Zeitpunkt, an dem Karin immer wieder wütend wird, noch nicht gegeben ist.

Wir konnten nun anhand mehrerer Beispiele feststellen, dass unbewusste Gedanken und unbewusste Gefühle uns in der emotionalen Abhängigkeit festhalten und dass diese ein dauerhaftes Lösen von Konflikten schwierig machen. Damit bleibt die Partnerschaft stehen, wo sie ist, und wird sich immer wieder im Kreis drehen. In den folgenden Kapiteln werden wir uns gezielt verschiedenen Gefühlen widmen, die regelmäßig in Beziehungskonflikten auftauchen. Wir werden uns anschauen, wie wir mit diesen Gefühlen umgehen und dadurch die Qualität unserer Beziehungen bewusst verbessern können.

Kapitel 14: Bewusste und unbewusste Wut

Die Beispiele in den Kapiteln 12 und 13 haben bereits verdeutlicht, dass das Gefühl von Wut in Beziehungen und Konflikten häufig eine große Rolle spielt. Deshalb werden wir uns zunächst intensiver mit der Wut beschäftigen, bevor wir dann den Fokus auch auf andere Gefühle richten.

Wut kann unsere Beziehungskonflikte auf zweierlei Art und Weise beeinflussen: Wir können uns der Wut während des Konfliktes bewusst sein oder aber sie ist ein unbewusster Aspekt des Konfliktes. Erinnern wir uns an Susanne: Sie ist sich ihrer Wut nicht bewusst und fühlt sich wegen der Zahnpastatube von ihrem Mann nicht respektiert. Ist diese falsch ausgedrückt, beschuldigt sie ihn dafür, dass ihr Tag deswegen vollkommen im Eimer ist. Tatsächlich ist jedoch nicht die Zahnpastatube oder das Verhalten ihres Mannes für ihren misslungenen Tag verantwortlich, sondern ihre unbewusste Wut, die sie dann – einmal aktiviert – nicht mehr in Ruhe lässt und ihre Kräfte innerlich aufzehrt. Karin hingegen ist sich ihrer Wut gegenüber ihrem kleinen Sohn und dem Rest ihrer Familie durchaus bewusst. Was ihr jedoch nicht klar ist, sind die Auswirkungen ihres Wutgefühls, wenn sie diesem freien Lauf lässt. Denn die Wut führt dazu, dass sie von allen gemieden wird und dass sie dadurch eine Distanz zwischen sich und den anderen Familienmitgliedern, insbesondere zu ihrem Sohn, aufrechterhält, obwohl sie das Gegenteil erreichen möchte. Sowohl bei Susanne als auch bei Karin zeigt sich, dass die Wut, egal ob bewusst oder unbewusst, immer sehr kraftvoll ist und Konflikte dominiert.

Der Verlauf eines Konfliktes wird stark dadurch beeinflusst, wie die Gegenseite auf unsere Wut reagiert. In Susannes und Karins Fall ist es so, dass das Thema Wut bei der Gegenseite grundsätzlich keine wichtige Rolle zu spielen scheint. Susannes Mann reagiert eher gelassen auf die Vorwürfe bezüglich der Zahnpastatube, während Karins

Familienmitglieder lieber den stillen Rückzug als die Konfrontation suchen. Anders verläuft es bei Maria und Lukas.

Beispiel

> Maria und Lukas führen eine intensive Beziehung und es kracht häufig zwischen ihnen. Sie sind sehr emotionale, aufbrausende Menschen und manchmal reichen schon Kleinigkeiten aus, um hitzige Debatten auszulösen. Sie werden dann beide sehr wütend aufeinander und konfrontieren sich mit Vorwürfen, teilweise auch mit längst zurückliegenden Dingen. In den letzten Monaten haben ihre Konflikte eher zugenommen und sind auch heftiger geworden, was den beiden Sorgen bereitet. Lukas fühlt sich dadurch immer sehr gestresst und geschlaucht, während Maria im Anschluss an die Streitigkeiten oft in Tränen ausbricht, da sie sich eigentlich nach einer harmonischen Beziehung sehnt.

Bei diesem Paar kommt es jedes Mal zu einem heftigen Zusammenstoß der Wut. Die Kraft, die in diesem Gefühl steckt, nimmt beide sehr mit, da sich die Wut auf den anderen richtet und sie damit gegeneinander kämpfen. Solange Wut bei beiden Partnern von Bedeutung ist, werden Konflikte immer in einen heftigen Streit münden. Dabei ist nicht entscheidend, wer zuerst wütend wird und den Streit beginnt. Jeder von uns, der mit Wut auf Wut reagiert oder generell unter seiner Wut leidet, sollte versuchen, sich intensiver damit zu befassen. Ob bewusste oder unbewusste Wut: Solange wir der Meinung sind, dass wir mit unseren Ansichten im Recht sind und glauben, der andere verhalte sich falsch, werden wir uns nicht mit unserer Wut aussöhnen können. Damit bleibt diese Kraft für uns weiterhin unkontrollierbar und wir können sie nicht in unser Energiesystem integrieren.

Grundsätzlich hat die Wut, die wir gegenüber unserem Partner empfinden, nicht direkt etwas mit dem Partner zu tun. Er ist nur die Projektionsfläche für unsere Wut, die eigentlich in unsere Kindheit gehört und die wir ursprünglich gegenüber unseren Eltern empfunden haben. In der Partnerschaft wird sie nur deshalb aktiv, weil Situationen und Verhaltensweisen unseres Partners uns an unsere alte Wut erinnern.

Da uns frühzeitig beigebracht wurde, dass Wut etwas Schlechtes ist und unsere Eltern uns abgelehnt, zurechtgewiesen oder bestraft haben, wenn wir wütend waren, bewerten wir Wut seither negativ. Wir wurden mit unserem Gefühl der Wut meist allein gelassen und waren damit überfordert. Statt dass uns unsere Eltern geholfen haben, den Umgang mit unserem Inneren zu erlernen, erfuhren wir von ihnen Ablehnung oder sogar ihre eigene Wut. Damit ist Wut ein Gefühl, dem wir generell nicht gerne begegnen und lieber unterdrücken, als uns damit zu beschäftigen.

Hinzu kommt noch eine weitere Ebene: Unsere Eltern waren in unserer Kindheit die Menschen, die wir am meisten geliebt haben und die uns am wichtigsten waren. In Situationen, in denen wir wütend auf sie waren, entzogen sie uns ihre Liebe und Zuneigung. Dadurch fällt es uns später oft schwer, uns einzugestehen, dass wir Menschen gegenüber Wut empfinden können, die wir lieben. Das ist der Grund, wieso unsere Wut wie im Fall von Susanne in einer Partnerschaft so lange unbewusst bleiben kann und wieso wir in der Lage sind, dieses Gefühl auf andere Ebenen zu übertragen, zum Beispiel auf die Ebene der Zahnpastatube oder auf andere Dinge im Alltag. Dadurch wird die Wut verlagert und in anderer Form zum Ausdruck gebracht.

Es kann aber auch vorkommen, dass wir unseren Partner so idealisieren, wie wir es als Kind mit unseren Eltern getan haben. In einem solchen Fall versuchen wir zu glauben, dass wir unseren Partner ausschließlich lieben. Andere, negativ bewertete Gefühle sollen damit für unsere Beziehung keine Rolle spielen und werden von uns ausgeschlossen. So verleugnen wir beispielsweise unsere Wut, die wir unserem Partner gegenüber empfinden beziehungsweise die durch unseren Partner ausgelöst wird und zum Vorschein kommt.

Damit werden die Wut und die kraftvolle Energie hinter diesem Gefühl im Laufe der Zeit zu einer tickenden Bombe in uns, die vollkommen unkontrolliert explodieren kann. Verdrängen wir Wut regelmäßig, empfinden wir viele Aspekte unseres Lebens als ein Minenfeld, in dem es tausend Stellen oder Situationen gibt, an oder in denen unsere Wut ausbrechen kann. Uns ist gar nicht bewusst, dass diese Kraft seit jeher in uns wirkt und dass es eben nicht die Zahnpastatube oder der respektlose Ehemann sind, die dieses unangenehme Gefühl in uns erzeugen. Die Wut existiert schon vorher in uns, sie ist schon sehr lange ein Teil unseres Inneren, während die Zahnpastatube oder der Ehemann zum Auslöser dieser in uns existierenden Wut werden können und in vielen Fällen dann auch werden.

Ungeachtet dessen, ob unsere Wut bewusst oder unbewusst ist: Sie wirkt sich negativ auf uns aus. Manchmal haben wir auch eine Ahnung davon, dass es solche brodelnden Gefühle in uns gibt – oft in Kombination mit unterdrückter Wut, die wir versuchen zu kontrollieren. Selbst wenn wir versuchen, dieses Gefühl unter Kontrolle zu halten, richtet es in uns Schaden an. Unsere Wut richtet sich gegen unseren Partner und uns selbst und erschwert unser Leben und unsere Beziehung. Sie stellt unseren Energiehaushalt auf den Kopf und wirkt gegen unseren Organismus. Wir benötigen viel Energie, um die Wut und diesen Kampf gegen uns selbst zu unterdrücken oder zumindest zu begrenzen. Damit sorgt Wut mitsamt ihren unangenehmen Begleiterscheinungen dafür, dass wir unseren Bezug zu unserem wahren Inneren verlieren. Sie lässt uns weniger uns selbst fühlen: Wir kommen uns nicht mehr nahe, wir haben oft das Gefühl, nicht in unserer Mitte zu sein, der Zugang zu unserer inneren Tiefe wird abgeschnitten, wir werden unruhig und überhitzen innerlich.

Dies überträgt sich auch auf unsere Zellen und Organe. Somit kann Wut zu einem ernst zu nehmenden Problem für unsere Psyche und Gesundheit werden. Wir verdrängen die Wut in unserem Körper, um nichts mehr mit ihr zu tun zu haben. Dadurch wird sie dort, wohin wir sie verdrängen, zu einem energetisch festen Körper in uns. Dort können sich vermehrt Giftstoffe einlagern, die wir über die Umwelt und durch unsere Nahrung aufnehmen. Auch Organe können verkrampfen. An der Körperstelle, an der wir unserer Wut einen Platz einräumen, kann sie sich am stärksten ausleben. Verschieben wir sie beispielsweise in unseren Bauchraum, werden wir dauerhaft mit Bauchschmerzen, Verdauungsproblemen, Unverträglichkeiten oder Magengeschwüren zu tun haben, da den Organen die Energie für ihre Arbeit fehlt und sich die Energie in Form von Wut gegen unsere Organe richtet.

Führen wir hingegen mit unserem Partner eine bewusste Beziehung, lässt sich Wut im Laufe der Zeit leichter lösen, da wir uns jedes Mal, wenn sie aufkommt, mit ihr auseinandersetzen können. Dies entspannt auch unseren Körper und hat langfristig positive Auswirkungen auf unsere Gesundheit. Jede bewusste Auseinandersetzung mit unserer Wut hilft uns, sie anzunehmen und ihre Energie wieder in unser Energiesystem zu integrieren. In einer bewussten Beziehung sind wir meist schon in der Lage zu erkennen, dass unsere Wut nicht direkt etwas mit unserem Partner zu tun haben muss. Sondern wir machen uns bewusst, dass wir in früheren Situationen, in denen wir wütend geworden sind, bereits genauso gefühlt haben. Daraus können wir schlussfolgern, dass dieses Gefühl mit uns selbst zu tun haben muss und nicht mit unserem Partner.

Beispiel

> Claudia und Sven haben sich auf einem Seminar zum Thema Spiritualität kennengelernt. Beide waren in früheren Partnerschaften häufig mit Wut konfrontiert. In ihrer neuen Beziehung versuchen die beiden, bewusster mit Wut umzugehen. Sobald Claudia Wut gegenüber Sven empfindet, erzählt sie ihm davon. Hierbei haben sie sich zum Ziel gesetzt, dass Sven ihr Raum und Aufmerksamkeit gibt und sie begleitet. Dann versuchen sie, die Wut durch Atemtechniken zu lösen, statt dass sich Claudia von ihrer Wut leiten lässt, den durch die Wut ausgelösten Impulsen folgt und Sven mit Vorwürfen konfrontiert. Erst, nachdem Claudia ihre Wutphase überwunden

hat, ist es an Sven, ihr zu sagen, wie sehr ihre Wut ihn verunsichert hat: dass er sich angegriffen gefühlt und dennoch davon abgesehen hat, sich während Claudias Wutphase zu verteidigen. Hierbei unterstützt Claudia ihn dann in seinem Selbstwert, um die Unsicherheit zu überwinden, und gibt auch seinem Gefühl, sich angegriffen zu fühlen, den Raum, den Sven dann braucht. So versuchen sie, Schritt für Schritt ihre inneren Prozesse gemeinsam zu bewältigen, ohne dem anderen Vorwürfe zu machen oder blind auf sein Gefühl zu reagieren.

Claudia und Sven haben gemeinsam eine Methode gefunden, die es ihnen erlaubt, Wut zu empfinden beziehungsweise verunsichert auf Wut zu reagieren, ohne dass dadurch ein Beziehungskonflikt entsteht. Beide sind in der Lage, zwischen diesen Gefühlen und ihrer gegenseitigen Liebe zu unterscheiden. Erinnern wir uns an dieser Stelle an Maria und Lukas, die beide sehr stark in ihre Wut einsteigen. Ihr Bewusstsein für sich selbst und für sich als Paar ist noch nicht so stark ausgeprägt wie bei Claudia und Sven, weswegen durch ihre Wut immer wieder Konflikte entstehen. Dennoch haben beide, solange sie gemeinsam das Ziel einer harmonischen Beziehung verfolgen, bei jedem Konflikt von neuem die Chance, sich bewusst ihren Gefühlen zuzuwenden. Es braucht anfangs nur einen von beiden, der nicht länger blind reagiert und damit in der Lage ist, alte Muster zu erkennen und zu durchbrechen.

Kapitel 15: Wut aufgrund von Kompromissen

Wir nähren unsere Wut jedoch nicht nur dadurch, dass wir wie Maria und Lukas unreflektiert mit unserem Partner streiten. Es gibt noch eine weitere, weit weniger offensichtliche Art, wie wir unsere innere Wut in einer Beziehung lebendig halten. Es handelt sich dabei um Kompromisse. Meist gehen wir diese unbewusst wegen unseres Partners ein mit dem Ziel, Streit und Konflikte zu vermeiden oder auch, um unserem Partner entgegenzukommen. Diese Kompromisse wären wir allein vielleicht gar nicht eingegangen. Doch indem wir es tun, stellen wir unseren Willen und unser Bedürfnis zurück und nähren dadurch unsere innere Wut, die unserer Kindheit entspringt. Genau das haben wir auch als Kinder tun müssen, als unsere Eltern und unser Umfeld uns nicht genug Raum für unseren Willen und unsere Bedürfnisse eingeräumt haben. Das hat uns damals wütend gemacht, weil wir uns unverstanden gefühlt haben. Diese Wut mussten wir unterdrücken, weil wir uns den Erwachsenen anpassen mussten, um nicht noch mehr Liebesentzug oder Ablehnung zu erfahren. Unbewusste Kompromisse mit unserem Partner, aber auch in allen anderen Bereichen unseres Lebens setzen dieses komplexe Muster unserer Kindheit fort und nähren unsere damalige Wut weiter.

Gehen wir in unserer Beziehung also unbewusst einen ungewollten Kompromiss ein und stellen wir unseren Willen und unsere Bedürfnisse zurück, wird unser Partner in unsere alte, ungelöste Wut unserer Kindheit hineingezogen. Dann ist er nicht länger nur die Projektionsfläche für diese Wut, sondern er wird ein aktiver Teil davon. Wir weisen ihm dann unbewusst die Schuld für unser schlechtes Befinden zu und durch unseren Kompromiss hat er indirekt auch etwas damit zu tun. Damit wird es langfristig wesentlich schwieriger, das Thema Wut in der Partnerschaft zu lösen. Unbewusste und ungewollte Kompromisse lassen unsere alte Wut weiter wachsen. Sie wird zudem mit unserem Partner und unserer Partnerschaft verstrickt. Manchmal führt das sogar so weit, dass wir gar kein positives Wort mehr für unseren Partner übrighaben. Wir leben dann nur noch nebeneinander her und unser Umgangston verhärtet sich.

Wir werden uns der Konsequenzen dieser Kompromisse meist erst dann bewusst, wenn die Wut explodiert oder wir in der Partnerschaft irgendwann vor unüberwindbaren Hürden stehen. In der Regel findet die unbewusste Anpassung an den Partner durch Kompromisse sogar bei beiden statt, da der in vielen Kapiteln bereits beschriebene Umgang mit Wut in der Kindheit in breiten Teilen unserer Gesellschaft lange üblich war und es in vielen Fällen auch immer noch ist. Die Wahrscheinlichkeit, dass beide Partner auf diese Weise erzogen worden sind, ist somit sehr hoch. Damit haben sowohl wir als auch unser Partner bei einem Kompromiss schnell das Gefühl, schlechter wegzukommen als der andere und nicht vom anderen gesehen zu werden. Jedes Mal also, wenn wir dieses Muster bei einem Kompromiss in uns erneut aktivieren, wird unser Partner plötzlich zu einem Konkurrenten unseres Willens und unserer Bedürfnisse. Wir können ihn nicht mehr als den Menschen wahrnehmen, mit dem wir ursprünglich zusammengekommen sind, gemeinsame Ziele verfolgen und gleiche Werte vertreten. Unserem Partner geht es genauso und wir werden ebenso zu seinem Konkurrenten, wie er zu unserem wird.

Während unsere Wut früher von unseren Eltern ausgelöst wurde, wird sie später vorwiegend durch unseren Partner getriggert, da der Bezug zu unseren Eltern im Erwachsenenleben naturgemäß nicht mehr so eng ist. Obwohl wir es nicht beabsichtigen, steigt bei jedem ungewollten Kompromiss die Wut auf unseren Partner und wir haben ständig das Gefühl, unseren eigenen Willen eingrenzen zu müssen. Was können wir also tun, wenn uns irgendwann bewusst wird, dass wir unserem Partner gegenüber Wut empfinden?

Solange wir unsere innere Wut unbewusst auf unsere Beziehung übertragen und sie an unserem Partner auslassen, halten wir sie am Leben und nähren sie. Wir legitimieren sie dadurch, weiter in uns zu existieren, wie wir bei Susanne und ihrem Konflikt wegen der Zahnpastatube erkennen konnten. Diese Übertragung der Wut auf unseren Partner muss also als Erstes unterbrochen werden, indem wir Wut wieder aushalten lernen und diese Kraft nicht länger ungefiltert aus uns herausbricht. Wir müssen tatsächlich in der Lage sein, die Kraft und das Feuer, die in der Wut verborgen liegen, wieder zu fühlen und die Stärke dieser Energie bewusst in uns fließen zu lassen. Wir müssen dann als Zweites verstehen, dass wir mit jedem Kompromiss, den wir eingehen – insbesondere bei denjenigen, die uns widerstreben –, wir uns in unserem Bedürfnis und unserem Willen selbst übergehen. Es ist also nicht unser Partner, der beides unterdrückt, sondern dies geht von uns selbst aus. Deshalb können auch nur wir wieder die Verantwortung übernehmen, für uns, unsere Bedürfnisse und unseren Willen einzustehen. Gerade bei Kompromissen, die uns innerlich wütend und unzufrieden machen, wird deutlich, dass unser Bedürfnis und unser Wille uns persönlich wichtiger gewesen wären als das Ergebnis des Kompromisses. Oft tendieren wir dazu, Kompromisse der Harmonie wegen einzugehen und dadurch scheinbaren Frieden zu wahren. Deshalb sollten wir uns in solch einer Situation unbedingt folgende zwei Fragen stellen:

Wie würde ich jetzt entscheiden, wenn ich diese Entscheidung aus tiefer Liebe zu mir selbst treffe und zu mir stehe? Wie würde ich entscheiden, wenn ich meine Entscheidung meinem Partner zuliebe anpasse?

Die Antworten sollten wir gemeinsam mit unserem Partner betrachten. Insbesondere dann, wenn wir auf beide Fragen nicht die gleiche Antwort gegeben haben, ist es wichtig, genauer hinzuschauen. Wir werden an dieser Stelle überraschend oft feststellen, dass unsere Antworten auf beide Fragen sogar sehr verschieden ausfallen: je nachdem, ob wir die

Antworten aus Liebe zu uns selbst getroffen haben oder unserem Partner und der Beziehungsharmonie zuliebe.

Eine weitere wichtige Konsequenz eines Kompromisses ist, dass wir uns für den Kompromiss oft weit weg von unserer eigenen Wahrheit entfernen. Das gilt auch für unseren Partner. Damit entspricht die Mitte, der Kompromiss, letztlich keinem von uns beiden mehr und stellt somit eigentlich niemanden zufrieden. Das bedeutet schließlich, dass wir und unser Partner unbewusst des Kompromisses wegen unsere Wut auf den anderen nähren, was uns beide frustriert.

In diesen zwei Fragen liegt somit die wunderbare Voraussetzung verborgen, uns und unseren Willen wieder besser kennenzulernen. Da wir in unserer Kindheit unseren Willen häufig nicht durchsetzen konnten und uns den Wünschen und Bedürfnissen unserer Eltern anpassen mussten, kennen wir unseren Willen oft gar nicht mehr. Lediglich bei Kompromissen kommt zum Vorschein, dass wir im Grunde anders entschieden hätten und uns manche Teile der Kompromisse einfach weniger wichtig gewesen wären. Dies sind deutliche Hinweise auf unseren eigentlichen Willen. Aufgrund unserer Erziehungsmuster bleiben wir in der Regel jedoch dabei, uns weiterhin anzupassen und Kompromisse einzugehen, anstelle den Versuch zu unternehmen, unseren wahren Willen zu erkennen und ernst zu nehmen. Die Erziehungsmuster sind so tief in uns verankert, dass es uns selbst dann, wenn wir unsere Bedürfnisse und Wünsche kennen, oft schwer fällt, ihnen nachzugehen.

Wenn wir jedoch unseren Willen nach und nach klarer kennenlernen, können wir auch leichter entscheiden, wie und wann wir wirklich für ihn einstehen wollen oder wann ein Kompromiss die sinnvollere Lösung ist. Solange wir darüber keine Klarheit haben, handeln wir auch nicht klar. Dieses Prinzip gilt natürlich auch immer für unseren Partner. Bei jedem Kompromiss, bei dem wir Wut auf unseren Partner verspüren, ergibt sich demnach eine neue Chance, unsere festgefahrenen Denkmuster mit den beiden oben genannten Fragen zu prüfen und unserem wahren Willen näherzukommen.

Wir müssen außerdem beachten, dass wir auch viele Kompromisse außerhalb unserer Beziehung eingehen. Wenn wir beispielsweise einer ungeliebten Arbeit nachgehen, Freunde treffen, die nur nehmen und nie geben, oder unsere Familie besuchen, die häufig klagt, und dabei einen Kompromiss mit uns selbst machen, nähren wir ebenfalls die Wut in uns. Diese lassen wir dann jedoch an anderer Stelle an unserem Partner aus, etwa indem wir unseren Willen übertrieben stark durchsetzen wollen.

Wir müssen uns in unserer Beziehung also gemeinsam überlegen, ob es nicht förderlicher ist, wenn jeder jeweils auf seine Weise mit der entsprechenden Situation umgeht statt dem anderen zuliebe in Kompromissen seinen Willen zu stark zu vernachlässigen. Dies würde sowohl uns als auch unseren Partner wesentlich mehr erfüllen und gleichzeitig den Nährboden für eine erfüllte Beziehung bilden. Damit wären wir beide aufrichtig uns selbst, aber auch unserem Partner gegenüber, was sehr viel Klarheit in die gesamte Beziehung bringen kann.

Kritisch wird es, wenn beide Partner das Gefühl haben, sich wegen ungewollter Kompromisse dem anderen gegenüber aufzuopfern und wenn die dadurch aufgebaute Wut die Beziehung belastet oder gar zerstört. Natürlich gibt es immer wieder Situationen in einer Beziehung, in denen Entscheidungen gemeinschaftlich getroffen werden müssen und Kompromisse unvermeidbar sind. Jedoch sollten wir uns bewusster machen, dass wir und unser Partner mit der Zeit unzufriedener werden, wenn wir dies zu häufig so handhaben. Wir sollten uns und unseren Partner viel eher als eigenständige Individuen wahrnehmen, wobei sich jeder auf seinem Weg befindet, auf dem wir uns beide gleichzeitig auch begleiten und unterstützen.

Kapitel 16: Den Umgang mit Wut lernen

In Partnerschaften ist nie nur einer auf den anderen wütend, sondern dies ist situationsabhängig. Daher ist es für beide Partner wichtig, dass sie sich mit den unterschiedlichen Facetten und Seiten ihrer Wut auseinandersetzen. Jede Phase in unserer Beziehung verlangt etwas anderes von uns. Unsere Aufgabe ist es, unsere Gefühle zu kennen, sie zu beobachten und sie nicht blind und unreflektiert auszuleben. Um dies zu erreichen, können wir wie folgt vorgehen: Nachdem wir unsere Wut erkannt haben, müssen wir lernen, sie auszuhalten, ohne sie an unserem Partner auszulassen. Danach können wir versuchen, Distanz zu unserer Wut aufzubauen und unseren Blick auf die Wut und uns zu verändern. Wir verändern also unsere Perspektive. Die folgenden Fragen können uns dabei helfen:

- Was genau macht mich wütend?
- Was ist so schlimm an dieser Sache, die mich so wütend macht?
- Was ist für mich eigentlich so schlimm daran, Wut zu fühlen?
- Wie genau fühlt sich meine Wut an?
- Wie geht es mir mit dieser Wut?
- Kann ich mich währenddessen selbst aushalten?
- Wie empfinde ich mich, während ich wütend bin?
- Gibt es weitere Gefühle in mir außer Wut?
- Verändert sich die Qualität oder Intensität der Wut, wenn ich sie an meinem Partner auslasse oder dies nicht tue?

Diese Fragen helfen uns nicht nur dabei, den Blick auf uns zu verändern. Sie unterstützen uns auch darin, unsere Wut auszuhalten statt sie an unserem Partner auszulassen. Dadurch wird unsere blinde, automatisierte Reaktion zunächst unterbrochen und wir können erst einmal wieder zu uns kommen. Denn gerade dann, wenn wir wütend sind, verlieren wir schnell den Bezug zu uns selbst.

Wenn wir es geschafft haben, unsere Wut in uns zu fühlen, uns selbst in diesem Zustand von Wut aushalten können und sie nicht mehr unserem Partner um die Ohren pfeffern, sind wir bereit für die nächsten Schritte, für die wir im Zustand der Wut noch blind waren. Nun beginnt die konstruktive Konfliktlösung. Hierbei bieten sich folgende Fragen an:

- Was genau möchte ich in dieser Situation von meinem Partner?

- Wenn ich ihm wütend begegne, erreiche ich dann das, was ich will?

- Oder erreiche ich das Gegenteil und verschlimmere die Sache nur?

- Wenn ich wütend bin: Kommuniziere ich dann überhaupt noch klar und deutlich, was ich von meinem Partner will?

- Was genau möchte mein Partner jetzt von mir?

- Wie gelingt es mir, das wahrzunehmen, was mein Partner jetzt, wo ich wütend bin, von mir möchte?

- Wie kann ich meinem Partner meinen inneren Konflikt erklären, ohne wütend auf ihn loszugehen oder ihn anzugreifen?

Anhand solcher Fragen beginnen wir, uns zu öffnen und über die Gesamtsituation zu reflektieren. Wir besinnen uns darauf, was wir jetzt wirklich von unserem Partner wollen und fragen uns selbst, ob wir dies mit einem Wutausbruch beziehungsweise mit unserer bisherigen, meist gescheiterten Strategie erreichen können. Das, was uns anfangs nur ab und zu und für kurze Momente gelungen ist – nämlich die blinde, automatisierte Reaktion der Wut zu unterbrechen –, kann anhand dieser Fragen noch weiter ausgebaut werden. Wir entwickeln dadurch ein größeres Verständnis für diesen Prozess und unser Unterbewusstsein. Es entsteht sozusagen Raum zwischen uns und unserem Wutgefühl, sodass uns die Wut nicht länger so stark beherrscht. Das hilft uns langfristig, uns unserer Wut nicht mehr ausgeliefert zu fühlen.

Wenn wir in der Lage sind, Wut bewusst als Bestandteil unserer Konflikte wahrzunehmen und uns nicht mehr von ihr beherrschen zu lassen, können wir im nächsten Schritt versuchen, unserer Wut noch weiter auf den Grund zu gehen. Wir haben am Beispiel von Claudia und Sven gesehen, dass es sehr hilfreich sein kann, uns frühzeitig mit unserer Wut zu beschäftigen. Dies hat einen entspannenden Effekt auf drohende Konflikte. Während dieses Schrittes können wir unsere Wut weiter untersuchen und dabei eine spielerische Neugier für sie entwickeln. So werden wir zum Beobachter unserer Wut, statt weiter von ihr dominiert zu werden. Folgende Fragen können unsere Beobachterrolle festigen und uns helfen, unserer eigenen, unterdrückten Wut und damit dieser komprimierten Energie wieder Raum zu geben:

- Welche Qualitäten hat dieses Gefühl der Wut eigentlich?

- In welchen Facetten zeigt sich mir die Wut regelmäßig?

- Wann tritt die Wut auf und wann verschwindet sie wieder?

- Wie zeigt sich Wut bei anderen Menschen?

- Habe ich Wut bisher immer in vollem Umfang gespürt?

- Was wäre, wenn ich diese Wut bisher nur auf Sparflamme gespürt habe und der wahren Kraft dahinter noch nicht begegnet bin?

Diese Fragen wecken unsere Neugier, diesem Gefühl der Wut nun angstfreier begegnen zu können. Unsere Angst vor ihrer Kraft werden wir so weiter abbauen und uns dadurch selbst wieder näherkommen.

Als Kinder wurden wir in der Regel abgelehnt, wenn wir wütend waren. Wir müssen deshalb versuchen zu ergründen, ob wir uns selbst lieben oder ablehnen und uns abgelehnt fühlen, während wir wütend sind. In dieser Phase kommen wir dem wahren Gefühl unserer Kindheit sehr, sehr nahe. Wir sollten uns deshalb nicht verurteilen, wenn wir wütend werden und uns in all unseren Aspekten auch dann voll und ganz annehmen. Und dies auch, wenn wir uns selbst ablehnen oder abgelehnt fühlen: so, als könnten beide Zustände, Annehmen und Ablehnen, zunächst nebeneinander existieren. Denn uns während unserer Wut abgelehnt zu fühlen und abgelehnt worden zu sein, ist genau das, was uns früher in unserer Kindheit widerfahren ist, als wir uns weder von unseren Eltern noch von unserem Umfeld angenommen gefühlt haben. Wenn wir nicht damit anfangen, uns selbst anzunehmen, riskieren wir weiterhin, unsere Selbstablehnung unbewusst auszuleben. Die folgenden Fragen können uns in unserer Bewusstwerdung helfen, indem sie zwischen Wut und Liebe, zwischen Ablehnung und Akzeptanz unseres Selbst unterscheiden:

- Liebe ich mich auch dann, wenn ich wütend bin?

- Was an mir liebe ich noch immer, obwohl ich wütend bin?

- Was an mir liebe ich immer, egal, wie schlecht es mir geht?

- Was hingegen lehne ich an und in mir ab, wenn ich wütend bin?

- Woran merke ich, dass ich zu mir und meinem Willen stehe?

- In Bezug auf unseren Partner: Wenn ich auf meinen Partner wütend bin, kann ich ihn gleichzeitig auch lieben?

- Woran merke ich das genau?

- Was an meinem Partner liebe ich immer, egal, ob er oder ich wütend ist?

Wenn wir hier angekommen sind, werden wir unserem Partner gegenüber ein anderes Verständnis aufbringen können – unabhängig davon, wer von uns wütend ist. An diesem Punkt werden Konflikte in unserer Beziehung deutlich entspannter und leichter lösbar.

Der gesamte Prozess dient dazu zu verstehen, dass ein „Ja" zu uns selbst nicht zwangsläufig ein „Nein" zu unserem Partner und unserer Beziehung bedeutet. Unser „Ja" zu uns selbst stärkt unser Selbstbewusstsein und unsere Selbstverständlichkeit, zu uns zu stehen und unsere Interessen zu vertreten. Aus diesem Selbstbild heraus wird unser Umgang in unserer Beziehung toleranter und verständnisvoller. Wir und unser Partner können uns auf uns und unsere Entwicklung konzentrieren, während gleichzeitig genug Kapazitäten da sind, auf den Partner einzugehen und ihn auf seinem Weg zu unterstützen.

Kapitel 17: Hass erkennen

Hass ist das Gefühl, das in seinem Kern den tiefsten und größten Schmerz trägt, den wir in unserem Leben erfahren haben. Hass und der damit verbundene Schmerz liegt am tiefsten unter vielen anderen abgespaltenen Gefühlsschichten verborgen, sodass er für uns nur schwer zugänglich ist. Dieser tief in uns verborgene Hass zeigt sich in den seltensten Fällen in seiner reinen Form. Er hat jedoch die Eigenschaft, dass er andere abgespaltene Gefühlsschichten zugänglich macht, die wir dann schneller in uns lösen können. Unbewusster und abgespaltener Hass bleibt als Hauptproblem hingegen oft bestehen.

Unser Verständnis von Hass ist meist falsch. Viele von uns glauben, Dinge, Situationen oder Menschen zu hassen, sei es der ungeliebte Nachbar, der Zahnarztbesuch oder das frühe Aufstehen am Morgen. Hier gilt es, klar zu unterscheiden: Die meisten von uns tragen Hass in sich, doch dieser Hass tritt nur in den allerwenigsten Fällen als Gefühl auch wirklich zutage. Diejenigen, die glauben, etwas oder jemanden zu hassen, empfinden in Wahrheit mehrheitlich Wut anstelle von Hass. Tatsächliche Hassausbrüche haben immer nur ein Ziel: das, was man hasst, zu zerstören und zu vernichten. Es ist häufig ein reflexartiger Vorgang. Wir kennen solche Fälle in der Regel nur aus den Medien, etwa, wenn ein Familienvater seine Frau, seine Kinder und anschließend sich selbst tötet. Hass wird also meist erst dann klar sichtbar, wenn es bereits zu spät ist. Die Gefahr, dass der Hass, den wir fast alle in uns tragen, zu solchen Dramen führt, ist ausgesprochen gering. Dennoch sollten wir das Thema sehr ernst nehmen, da Hass unser Leben und das unserer Mitmenschen auch auf andere, wesentlich subtilere Art dramatisch erschwert.

Es gibt viele Möglichkeiten herauszufinden, ob wir eine derart starke destruktive Kraft unterdrückt, verdrängt und abgespalten in uns tragen. Jeder, der das Gefühl hat, andere nicht lieben zu können, der anderen gegenüber immer wieder kalt auftritt, der dauerhaft eine gewisse Distanz zu seinen Mitmenschen und zu sich selbst fühlt, nicht nahbar ist, einen schweren Zugang zu seinen Gefühlen hat oder sich selbst ablehnt, trägt auch unterdrückten und abgespaltenen Hass in sich. Auch uns selbst und unser Leben immer wieder ungewollt in Schwierigkeiten zu bringen, wird tief aus unserem Inneren durch unterdrückten Hass bewirkt. Am intensivsten bekommen wir unseren abgespaltenen und unterdrückten Hass jedoch zu spüren, wenn sich dieser gegen uns selbst richtet und wir ihn als Selbsthass empfinden. Dieser Hass lässt sich sogar in unserem Spiegelbild erkennen. Es gibt Tage, an denen sind wir rundum zufrieden mit unserem Spiegelbild, sprich: mit unserer Ausstrahlung. An anderen Tagen fühlen wir uns traurig, haben traurige Augen und eine entsprechende Ausstrahlung. Wenn wir jedoch in den Spiegel schauen und unser Spiegelbild überhaupt nicht leiden können, obwohl sich unser Gesicht im Vergleich zu anderen Tagen nicht verändert hat, dann blicken wir den Hass in uns in unserem Spiegelbild direkt an und können ihn klar erkennen.

Abgespaltener Hass kann sich auch in kurzen Momenten in Konflikten zeigen. Das ist zum Beispiel der Fall, wenn uns der Gedanke, lieber zu sterben als am Leben zu sein, blitzartig durch den Kopf schießt, wir in einem Streit handgreiflich werden oder Gegenstände zerstören, weil wir mit der reflexartig aufsteigenden starken Energie des Hasses nicht umgehen können. Weitere typische Merkmale sind, dass wir häufig austeilen und uns gleichzeitig schnell angegriffen fühlen, oder dass uns andere kritisieren und wir damit überhaupt nicht umgehen können. Dass uns Empathie für uns und unser Verhalten sowie für die Gefühle unserer Mitmenschen fehlt, kann ebenfalls auf unterdrückte Hassgefühle in unserem Inneren hinweisen.

Bei Selbsthass sind wir selbst es, die darunter leiden. Ist unser Hass unbestimmt und für uns nicht wahrnehmbar, leiden nicht wir, sondern unser Umfeld darunter. Hier fehlt uns generell das Einfühlungsvermögen für andere. Für uns sind unsere Gedanken und Gefühle und unser

Verhalten normal, wir kennen uns schließlich gar nicht anders und sind auch nicht imstande, uns zu hinterfragen. Dadurch bemerken wir nicht, dass wir anders fühlen, denken und agieren als unsere Mitmenschen und dass wir sie mit unserem Verhalten verletzen. Auch hier können wir erkennen, dass nahezu jeder unterdrückten Hass in sich trägt, denn wir kennen wohl alle Menschen, die andere regelmäßig durch ihre Worte und Handlungen verletzen, ohne dass sie es selbst merken, und gleichzeitig schnell beleidigt sind, wenn sie kritisiert werden.

Hass können wir auch in versteckter Form an vielen Stellen erkennen, darunter in unserer Beziehung. Wenn unser Partner grundlos und übertrieben eifersüchtig wird, uns kontrolliert, vielleicht sogar manipuliert und wir uns stark anpassen müssen, weil er uns bewusst oder unbewusst vermittelt, seinen Zustand und sich sonst nicht auszuhalten, dann können wir davon ausgehen, dass er abgespaltenen Hass in sich trägt.

Auf körperlicher Ebene zeigt sich unterdrückter Hass an vielen Stellen ganz offensichtlich. Wenn wir beispielsweise oft frieren und unser Körper häufig kalt ist, obwohl es dafür keinen äußeren Anlass gibt, kann das auf unterdrückten Hass zurückgehen. Auch starke Probleme mit unseren Knochen können ein Indiz sein: Hierzu zählen zum Beispiel Schiefstellungen von Knochen wie etwa Hüftschiefstände, immer wieder herausspringende Wirbel oder generell eine gekrümmte Wirbelsäule. Andere Hinweise sind schwere, autoaggressive Krankheiten, die wir nicht heilen können und die uns von innen auffressen. Auch jeder schweren Form von Abhängigkeit liegt unterdrückter Hass zugrunde. Diese Energie drückt sich über diese schweren und aggressiven Krankheiten und innere Zerstörung aus. Es gilt das gleiche Prinzip wie bei der Wut: Haben wir unterdrückten Hass in uns, richtet sich dieser Hass mehrheitlich gegen uns selbst, obwohl wir nicht einmal mitbekommen, dass diese Gefühle in uns Schaden anrichten.

Da Hass, wie bereits erwähnt, in seinem Kern den tiefsten und größten Schmerz trägt, geht es uns in den ersten Tagen nach einer energetischen Heilung von Hass psychisch meist schlechter, obwohl sich unser Körper gleichzeitig innerlich entspannter anfühlt. Wir berühren hier den Schmerz auch auf der psychischen Ebene erneut und verarbeiten ihn nachträglich in dieser Heilung. Das ist etwas, was wir zum Zeitpunkt seiner Entstehung nicht konnten, weil wir damit innerlich vollkommen überfordert waren. Deswegen verläuft eine energetische Heilung nicht ausschließlich geradlinig. Es muss zunächst wieder in unser Bewusstsein rücken, woher unsere inneren Probleme, unsere Krankheiten oder unsere dauerhaften Schwierigkeiten in unserem Leben in Wirklichkeit kommen.

Hass ist generell ein Kernthema von Heilsitzungen, weil die durch unterdrückten Hass ausgelösten Krankheiten sich nur schwer behandeln lassen. Werden die Psyche und die feinstofflichen Ebenen der Energien nicht in die Behandlung einbezogen, kommen diese Krankheiten immer wieder zurück. Der Patient läuft dann Gefahr, dass sich seine Gesundheit weiter verschlechtert und die Lebensqualität stark sinkt. Oft handeln die Menschen allerdings zu spät, das heißt: zu einem Zeitpunkt, an dem bereits zu viel im Körper zerstört und die Lebensqualität bereits massiv eingeschränkt ist.

Kapitel 18: Sich auf Trauer einlassen

In den vorherigen Kapiteln haben wir mit Wut und Hass zwei Gefühle behandelt, die laut und aggressiv sind. Dennoch sind sie nicht immer so leicht als solche zu erkennen. Ganz anders verhält es sich mit der Trauer, dem Thema, dem wir uns in diesem Kapitel widmen. Trauer ist ein stilles, unauffälliges Gefühl, erfüllt aber eine ausgesprochen wichtige Funktion. Wut und Hass sind, wie bereits gesehen, in der Lage, den inneren, alten Schmerz und unsere ungelösten Konflikte zum Ausdruck zu bringen. Das heißt, unser Schmerz wird uns etwa durch einen Wutausbruch überhaupt erst wieder aufgezeigt, da wir ihn sonst weder fühlen noch kennen. Erst das Gefühl der Trauer ist in der Lage, diesen alten Schmerz auch umzuwandeln und dauerhaft zu lösen. Menschen, die nur ihre innere Wut und ihren inneren Hass berühren, werden den wahren Kern des Problems allein dadurch nicht lösen können. Dazu bedarf es immer der Trauer, die an den Schmerz gebunden ist und mit ihm zusammen gelöst werden muss. In unserer Gesellschaft werden Trauer und Schmerz als etwas Negatives angesehen, mit Schwäche assoziiert und mehrheitlich unterdrückt. Wir vermeiden, beides zu berühren, obwohl wir durch Wut oder Hass in uns aufgezeigt bekommen, dass wir das eigentlich tun sollten, wenn wir dauerhaften Frieden in uns haben möchten.

Durch Wut und Hass können wir Schmerz und Trauer tief in uns vergraben. Das ist in Krisensituationen, vor allem in der Kindheit, oft ein überlebensnotwendiger Prozess. So ist jeder Wutausbruch auch heute noch eine Selbstschutzstrategie, den damaligen Schmerz nicht noch einmal zu berühren. Wir haben außerdem Angst vor Schmerz und Trauer. Angst ist das Gefühl, das sich sowohl zwischen uns und unseren Schmerz als auch zwischen uns und unsere Trauer stellt, nachdem wir Wut oder Hass gelöst haben. So entwickeln wir eine komplexe Vermeidungsstrategie in uns, mit der wir es schaffen, einer Berührung mit Schmerz und Trauer weiterhin aus dem Weg zu gehen. Wir tun dies so lange, wie wir in der Lage sind, diesen vermeintlichen Schutz aufrechtzuerhalten. Selbst wenn wir schwer erkrankt sind, scheint dieser Weg der Schmerzvermeidung auf unbewusster Ebene für uns weiterhin oft leichter, als uns auf unseren inneren Schmerz und unsere Trauer einzulassen. Wir Menschen neigen sehr stark dazu, Schmerz und Trauer zu vermeiden und deshalb verqueren sich viele unserer Konflikte in unserem Inneren.

Auch die meisten Konflikte in unserer Partnerschaft werden genau deshalb im Laufe der Zeit immer komplizierter. Während wir uns unserem Partner in den Anfangstagen des Verliebtseins in unserer reinsten Form zeigen (so, wie wir wirklich sind: offen und verletzbar), bieten wir ihm mit der Zeit ein immer distanzierteres Bild von uns an, sodass uns unser Partner nicht mehr wirklich kennt und auch nicht mehr mit dem gleichen Menschen zusammen ist wie in den Anfangstagen. Wir nennen das dann gerne Alltag und Routine, doch in Wahrheit haben wir Distanz zu unseren Gefühlen aufgebaut, wie es auch vor Beginn unserer Beziehung der Fall war. Deshalb empfinden wir in der Regel auch den Anfang einer Beziehung als so besonders. Es ist jedoch nicht unser neuer Partner oder der Beginn einer neuen Beziehung, der diese Zeit so besonders macht, sondern wir selbst, weil wir uns öffnen und unser Inneres uns und unserem Gegenüber zeigen. Nach der Phase des Verliebtseins zeigen wir unserem Partner dann wieder unsere anerzogene Fassade.

Um unsere inneren Gefühle vollständig in eine lebensbejahende Kraft umzuformen, müssen wir den Mut haben, uns auf unsere Trauer einzulassen. Trauer ist das Gefühl, das leise zum Vorschein kommt: etwa, wenn wir durch unsere Wut müde sind und feststellen, dass unser Partner weder auf unsere Wut reagiert noch unseren Wünschen oder Forderungen nachkommt. Trauer zeigt sich auch immer dann, wenn uns keine Erklärungen oder Entschuldigungen mehr einfallen, die uns von unserem eigenen Gefühlserleben trennen, und wir insgesamt das Gefühl haben, ratlos zu sein, da wir mit unseren bisherigen Mitteln und unserem bisherigen Wissen keinen Ausweg aus unserer Situation mehr finden. Immer dann kommt Trauer zum Vorschein. Und nur dann wandelt sie unsere alte, destruktive Kraft, den abgespaltenen Schmerz in uns in eine lebensbejahende Energie um. Solange wir an irgendeiner Stelle auf eine Lösung von außen hoffen und uns an etwas wie an einen Strohhalm klammern, bleiben wir auf Distanz zu unserem Schmerz und unserer Trauer. Sich auf Trauer einzulassen, ist der direkteste und kürzeste Weg, sich selbst nahezukommen und anschließend wahre Nähe zu anderen Menschen herstellen zu können. Genau dies fällt den meisten von uns jedoch sehr schwer. Dabei ist es genau dieser Punkt, an dem wir beginnen, uns selbst, unsere Beziehung und unser Leben neu auszurichten.

Beispiel

> Jette ist seit einigen Jahren mit Dietmar liiert. Sie weiß, dass sie ihm sehr wichtig ist, aber er äußert seine Gefühle nur sehr selten. Vor einigen Wochen sind Dietmars Eltern bei einem Verkehrsunfall ums Leben gekommen und dies hat ihn schwer mitgenommen. Jette versucht, ihm so gut es geht beizustehen, doch ihr Mann lässt sie seitdem kaum an sich heran. Ihr war schon immer bewusst, dass ihr Mann Schwierigkeiten hat, Trauer zuzulassen, doch dass er selbst nach diesem Schicksalsschlag nicht in der Lage ist zu weinen, bereitet ihr ernsthafte Sorgen.

Es kommt nicht selten vor, dass Menschen große Schwierigkeiten haben, Trauer und Schmerz zuzulassen und so wie Dietmar seit vielen Jahren oder gar Jahrzehnten nicht weinen können, obwohl die Trauer wie ein Kloß im Hals sitzt und sich das Leben einfach nur schwer anfühlt.

Innere Konflikte mit unterdrückter und nicht ausgesöhnter Trauer führen uns häufig in tiefe Depressionen hinein und nehmen uns den Mut und die Freude am Leben, unsere Zuversicht schwindet und wir entfernen uns immer weiter davon, unbeschwert zu leben. In der Partnerschaft machen wir aufgrund solcher inneren Konflikte auf der einen Seite unseren Partner für unser schlechtes Gemüt verantwortlich. Auf der anderen Seite brauchen wir ihn, weil wir aufgrund unserer inneren Konflikte nur schwer allein sein können und uns deswegen kaum allein aushalten. So wird unser Partner zu einer Ablenkung von unserem alten, inneren Schmerz und unserer Trauer. Deshalb ist es wichtig, dass wir unseren Partner wieder aus der Verantwortung lösen, die wir ihm aufbürden. Denn wenn wir von ihm fordern, dass er uns bemitleidet, und er sich in unseren sumpfartigen Schmerz hineinziehen lässt, ziehen wir ihn mit in unsere dunklen Phasen hinab, belasten ihn mit unserem alten Schmerz und finden langfristig keine Lösung und keinen Weg heraus.

Wir müssen im Gegenteil lernen, wieder mutig zu sein und uns allein auszuhalten. Da wir so viel Distanz zu unserer Trauer aufgebaut haben und Wut, Hass, Angst und jede Ablenkung uns von ihr trennen, damit wir sie nicht mehr berühren, bedarf es der Stille und des Alleinseins, um ihr wieder nahezukommen. Alleinsein sollten wir als Chance betrachten. Es ermöglicht uns, nach innen zu horchen, unsere innere Stimme wahrzunehmen und unserer Vergangenheit zu begegnen. Alte Themen können sich uns zeigen und wir können diese erneut kennenlernen und uns bewusst mit ihnen auseinandersetzen, um sie langfristig zu lösen. Allein dadurch wird uns Unbewusstes bereits bewusst. Die im Unbewussten gebundene, komprimierte und verknotete Energie kommt in Bewegung und beginnt, sich zu lösen und als Energie wieder frei und entsprechend ihrem Ursprung zu fließen: als eine Energie, die uns versorgt, die uns und unserem Leben zur Verfügung steht, die mit uns wirkt und sich nicht länger gegen uns richtet.

Kapitel 19: Sich seinen Ängsten hingeben

Angst ist ein Gefühl, das wir alle kennen. Wir haben Angst vor der Angst. Dabei ist Angst grundsätzlich nichts Schlimmes. Wir empfinden sie jedoch als unangenehm und wir versuchen, dieses Gefühl zu vermeiden. Wie so oft bei sogenannten negativen Gefühlen gilt es in unserer Gesellschaft als Zeichen von Schwäche und Hilflosigkeit, wenn wir Angst verspüren und dies von unserem Umfeld bemerkt wird. Das trifft insbesondere auf Männer zu. Frauen wird dieses Gefühl noch eher zugestanden, wodurch sie aber oft nicht mehr ernst genommen werden.

Das Gefühl der Angst betrifft uns insgesamt wesentlich häufiger, als wir es uns eingestehen wollen. Angst kommt in verschiedenen Lebenssituationen vor. Vieles von dem, was wir tun, sagen oder unterlassen, wird von unserer Angst gesteuert. Wir versuchen grundsätzlich immer, Schmerzen zu vermeiden. Dies hat großen Einfluss auf unsere Entscheidungen. In vielen Lebenssituationen haben wir Angst vor den möglichen Konsequenzen, sodass wir uns oft in einem Leben voller Kompromisse wiederfinden. Bewusst ist uns das alles meist nicht.

Durch das Gefühl der Angst spannen wir uns innerlich komplett an und werden unruhig. Im Angstzustand fällt es uns schwer, uns auf unsere Alltagsaufgaben zu konzentrieren und eine Sache zu fokussieren. Damit lähmt uns die Angst zugleich und lässt uns regelrecht handlungsunfähig werden, obwohl wir innerlich spüren, dass eine ganze Menge in uns vorgeht. Dabei ist Angst oft als Erinnerung an ein Ereignis in unserer Vergangenheit gekoppelt, welches mit der gegenwärtigen Situation und insbesondere mit unserer Partnerschaft wenig zu tun hat. Dennoch fehlt uns im Zustand der Angst der klare Blick auf uns selbst und die Gesamtsituation und unser Handeln wird irrational. Wenn wir die Angst spüren, versuchen wir in der Regel, sowohl die Angst als auch unser Verhalten zu kontrollieren. Das strengt uns innerlich an, was für den Körper zusätzlichen Stress bedeutet.

Angst spüren wir häufig erst relativ spät. Wir nehmen unsere Angst meist erst dann wahr, wenn wir Unruhe im Bauch oder anderswo in unserem Körper spüren und deswegen nicht mehr klar denken können. Wir versuchen dann meist, die Angst zu verdrängen und zu ignorieren und uns zusammenzureißen. Wir möchten gerne weiter funktionieren und normal auf andere wirken, denn es ist uns unangenehm, wenn unser Umfeld mitbekommt, dass wir Angst haben. Doch uns in einer solchen Situation zu beruhigen und unsere Angst zu kontrollieren, ist relativ schwer. Denn beide Dinge stehen im Widerspruch zueinander: Uns zu beruhigen, bedeutet Entspannung, unsere Angst zu kontrollieren, bedeutet Anspannung, vor allem auf körperlicher Ebene. Denn lange, bevor wir die Angst spüren, ist sie bereits in unserem Körper aktiv. Dabei verspannen wir unsere Rückseite und unsere Nieren verhärten, während unsere Nebennieren unter Anspannung vermehrt Adrenalin und Noradrenalin ausschütten. Adrenalin und Noradrenalin sind Stresshormone. Sobald sie ins Blut ausgeschüttet werden, signalisieren sie unserem Gehirn Gefahr und lassen die Herzfrequenz und den Blutdruck ansteigen, damit unser Körper schnell all seine Kräfte und Reserven für eine Flucht oder einen Kampf mobilisieren kann.

Da wir oft ein relativ geringes oder sogar gar kein Bewusstsein für unsere Rückseite haben, spüren wir unsere Angst in ihren Anfangsstadien (also dann, wenn sie aufkommt) meist fast gar nicht. Das bedeutet im Umkehrschluss für unseren Körper, dass unser Körper bereits lange, bevor wir unsere Angst spüren, durch die vermehrte Adrenalin- und Noradrenalinausschüttung unter Anspannung und Stress steht. Dem können wir erst entgegenwirken, wenn wir anfangen, die Angst oder zumindest unsere Anspannung in uns zu fühlen. Versuchen wir, Angst zu unterdrücken, wird sie stärker. Sie tritt häufiger und als Panik oder gar als Panikattacken auf, bei denen wir jegliche Kontrolle über unser Handeln verlieren können. Dann zeigen sich auch körperliche Symptome wie Schweißausbrüche, die dann für unser Umfeld sichtbar werden.

Wir werden nun dazu übergehen, welche Rolle Angst in Beziehungen spielen kann und was sie dort auslöst, wenn sie aktiviert wird. In Partnerschaften zeigt sich das Gefühl der Angst oft als Verlustangst. Dies ist der Fall, wenn unser Partner etwas macht, was in uns die Angst weckt, ihn verlieren zu können – sei es, indem er stirbt oder indem er uns verlässt. Auch dies löst sehr starken Stress aus. Das ist umso problematischer, da unsere Beziehung eigentlich ein Raum sein sollte, in dem wir Entspannung und Abstand vom Alltag erfahren. Oft beginnen wir bei Verlustängsten, unseren Partner einzuengen, ohne dass wir das merken. In diesem Fall kennen und fühlen wir unsere Verlustangst nicht. Aber auch das Gegenteil kann eintreten: Wir spüren unsere Angst aktiv und engen unseren Partner deswegen bewusst ein. Dann benutzen wir unsere Angst als Argument, um unser Verhalten zu rechtfertigen. In beiden Fällen ignorieren wir das eigentliche Problem der Angst jedoch und sie bleibt weiterhin bestehen. Bei Henrik steht die unbewusste Angst, dass seiner Frau Sandra etwas zustoßen könnte, im Vordergrund.

Beispiel

> Sandra muss gelegentlich beruflich verreisen. Henrik leidet sehr darunter. In ihm steigen dann heftige Ängste auf. Er macht sich bereits Tage vor ihrer Abreise verrückt und hat große Angst, dass ihr etwas passieren könnte. Während ihrer Abwesenheit leidet er unter Schlaflosigkeit, läuft nachts nervös durch die Wohnung und ist mit den Nerven am Ende. Erst, wenn Sandra wieder zur Haustür hereinkommt, kommt er zur Ruhe. Seine Panikattacken haben sich in letzter Zeit stark gesteigert. Ihm wird plötzlich so übel und schwindelig, dass er sogar schon einmal zusammengebrochen ist. Medizinisch konnte keine Ursache für seine Ängste und den Zusammenbruch festgestellt werden, seine Werte waren immer im normalen Bereich.

Anstelle die verbleibenden Tage mit seiner Frau zu genießen, machen Henriks Verlustängste ihn fast wahnsinnig. Seine heftigen Reaktionen stehen in keinem Verhältnis zur realen Gefahr, die trotz der Reise genauso gering ist, als würde seine Frau in ihrer Heimatstadt zur Arbeit gehen. Sandra arbeitet im Kulturbereich und nicht etwa als Soldatin in Kriegsgebieten. Obwohl sich Henrik dessen eigentlich bewusst ist, kann er sein Verhalten und seine Körperreaktionen nicht abstellen. Wie bei vielen anderen Menschen lassen sich diese irrationalen Reaktionen bis tief in seine Kindheit zurückverfolgen. Bereits im Alter von drei Monaten wurde er von seinen Eltern getrennt und wuchs danach bei seinen Großeltern auf, während seine Eltern ihn nur an den Wochenenden besuchen konnten: ein Trauma, das er nie verarbeiten konnte und zu dem er auch keinen Zugang mehr hat. Ihm wurde immer berichtet, er sei ein schwieriges Kind gewesen und hätte bei seinen Großeltern viel geschrien. Direkt nachdem er von seinen Eltern getrennt wurde und zu seinen Großeltern gekommen ist, ist er sehr krank geworden. Sein Körper hat dieses Ereignis dauerhaft in sich abgelegt und abgetrennt. Trotzdem hat dies Henriks Leben fortan maßgeblich mitbestimmt.

Als er ein Säugling war, waren seine Eltern und insbesondere seine Mutter seine wichtigsten Bezugspersonen. In seinem jetzigen Leben ist es seine Frau Sandra. Die Trennung von seinen Eltern ist so tief in ihm gespeichert und ins Unbewusste verdrängt, dass er auch als Erwachsener ständig in Angst lebt, den Menschen, der ihm am wichtigsten ist, zu verlieren. Henrik projiziert also seine Erlebnisse von damals unbewusst auf seine Frau und tritt damit ständig mit seiner Vergangenheit in Kontakt. Das macht es ihm unmöglich, mit der Gegenwart umzugehen.

Wenn wir hier genauer hinschauen, können wir feststellen, dass seine Sorge, seiner Frau könne etwas zustoßen, nicht das eigentliche Problem ist. Wäre dem so, würde er ihr zu Vorsicht und Achtsamkeit raten und sie bitten, sich regelmäßig bei ihm zu melden. Der wahre Grund für seine Angst ist, dass er mit jeder Reise seiner Frau immer wieder mit dem enormen Verlust in seiner Kindheit – damit, dass seine Eltern plötzlich nicht mehr da waren – konfrontiert wird. Die Tatsache, dass ihn dieses traumatische Ereignis unbewusst immer wieder einholt, lässt seinen Körper dermaßen heftig reagieren. Seine Ängste und Unruhen sind als Reaktion auf den Verlust seiner Eltern zu verstehen, die seit seinem Umzug zu den Großeltern nur noch eine Art Besucherrolle eingenommen haben. Heute wiederholt er durch die beruflichen Reisen seiner Frau dieses gesamte Gefühls- und Verhaltensmuster immer wieder aufs Neue. Sein Verhalten, seine Gefühle und seine Körperreaktionen werden sich erst ändern, wenn er sich seiner Situation bewusst wird und diese traumatische Erfahrung in sich löst.

Dabei macht die Angst vor der Angst das größte Problem aus. Wir fürchten und unterdrücken Angst, sodass wir uns auch im Erwachsenenalter den Zugang zu den wahren, hinter der Angst verborgenen Themen verschließen. Die Angst vor der Angst behindert uns selbst dann, wenn wir nach einer Lösung für unsere Probleme suchen. Denn für uns alle gilt, dass der Moment, in dem wir Angst gefühlt haben, dramatische Konsequenzen für uns hatte, die sich tief in unser Schmerzgedächtnis eingebrannt haben. Unsere Angst schützt uns somit davor, den Schmerz von damals noch einmal berühren zu müssen. Solange wir die Angst nicht überwinden und unseren dahinter liegenden Schmerz nicht nahekommen können, verfolgen uns immer wieder die gleichen Gefühlszustände und die entsprechenden Ereignisse im Leben, die uns auf diese Weise an unser Schmerzthema erinnern. Das ist der unbewusste Weg. Alles, was wir nicht bewusst erleben, wiederholt sich in unserem Leben unbewusst. Das geschieht so lange, bis sich die Bewusstwerdung vollzieht.

Wir sehen hier erneut, wie weit die Wurzeln unserer Konflikte zurückreichen und wie tief sie in uns verborgen liegen. Das trifft nahezu auf uns alle zu, da wir uns in unserem Leben mit Schwierigkeiten konfrontiert sehen. Um erfüllt zu leben, müssen wir diese Konflikte in uns finden und lösen. Die Angst ist wie eine Grenze zwischen uns und unseren Konflikten, die uns davon trennt, uns mit diesen alten Themen erneut und versöhnend auseinanderzusetzen. Es führt jedoch kein Weg an der Auseinandersetzung vorbei, wenn wir dauerhaft wahre Freude empfinden, unsere inneren Kräfte aktivieren und ein vitales und energiegeladenes Leben führen wollen.

Kapitel 20: Gefühlskombinationen und Beziehungs-dynamiken

Wie wir im bisherigen Verlauf dieses Buches feststellen konnten, treten Gefühle, die uns unangenehm sind, nur selten allein auf. Vor allem unangenehme und unerwünschte Gefühle zeigen sich in Kombination mit anderen unerwünschten Gefühlen, etwa mit Wut. In einer solchen Situation spielen außerdem noch andere Komponenten in unsere Gefühlswelt hinein. Dabei kann es sich, wie wir bereits sehen konnten, um traumatische Ereignisse handeln.

Aber auch unser Partner wird zu einer unkalkulierbaren Komponente. So ist er beispielsweise aufgrund unserer Wut innerlich plötzlich seinen eigenen prägenden Erfahrungen ausgesetzt, sieht sich mit Angst, Wut oder anderen Gefühlen konfrontiert und reagiert auch entsprechend. Dadurch ist es ihm gar nicht erst möglich, auf den eigentlichen Konflikt zwischen uns und ihm einzugehen. Auch unsere Bedürfnisse, die wir durch unsere Wut zu kommunizieren versuchen, werden aufgrund dessen gar nicht so erfüllt, wie wir das möglicherweise erwartet haben. Vielmehr findet sich unser Partner dann selbst in einem eigenen inneren Konflikt wieder und nur ein Ereignis oder ein falsches Wort reicht aus, um einen Beziehungskonflikt auszulösen. Auch Missstände in unserer Beziehung sowie Aspekte, mit denen wir innerlich nicht zufrieden sind, können wir durch unsere Wut oder andere destruktive Gefühle gar nicht klar zum Ausdruck bringen. Anstatt diese mit unserem Partner zu klären, führen wir weitere Streits und Diskussionen.

Fassen wir zusammen, so sehen wir, dass sich zur Angst auch Wut und andere destruktive Gefühle oder traumatische Ereignisse, aber auch die unvorhergesehene Reaktion unseres Partners hinzugesellen können. Das gilt für all unsere unerwünschten Gefühle, die wir erfahren. Wir lösen mit ihnen regelrechte Kettenreaktionen in unserer Beziehung aus, sodass sich Konflikte verkomplizieren. Die Dynamik in diesen Konflikten ist immer schwerer zu unterbrechen und die Konflikte sind immer schwerer zu lösen, je mehr wir uns in den äußeren Umständen des Konfliktes verfangen und von unseren alten, verborgenen Themen eingenommen werden.

Wenn wir Angst, Wut, Hass oder Trauer in uns erkennen, führen wir diese Gefühle in der Regel auf äußere Umstände zurück. Es ist zwar richtig, dass diese Umstände unsere Gefühle berühren und auslösen. Sie sind jedoch meist nicht die Verursacher. Wie wir bereits mehrfach sehen konnten, sind es vielmehr unbewusste Erinnerungen an verdrängte Ereignisse, die uns wie Dämonen immer wieder einholen und sowohl unsere Konflikte als auch unsere Gefühle innerhalb von Konflikten steuern. Sobald diese Gefühle durch äußere Umstände, ein falsches Wort, eine unangebrachte Aktion vonseiten unseres Partners oder seitens eines anderen Menschen aktiviert werden, lösen sie unsere komplexen Verhaltensmuster aus. Diese Muster entsprechen unseren Lösungsstrategien, die wir in unserer frühesten Kindheit erlernt haben und die seitdem zentrale Bestandteile unserer Konfliktverarbeitung und unseres Lebens insgesamt geworden sind. Deshalb dominieren sie unsere Beziehungen und all unsere Konflikte. Aus diesem Grund haben wir auch oft das Gefühl, dass ein Mensch in einem Konflikt irrational wie ein Kind reagiert. Wir dürfen nicht unterschätzen, welch starke Auswirkungen diese Muster sowohl auf unser Leben als auch auf unsere Zeit mit unserem Partner haben.

In den folgenden Kapiteln werden wir uns mit solchen Gefühlskombinationen und den daraus entstehenden Verhaltensmustern beschäftigen. Dieses Wissen kann uns helfen, unsere Beziehungen konfliktfreier zu gestalten. Denn bevor wir etwas ändern können, müssen wir die komplexen Dynamiken unserer Beziehungen kennen und ein Bewusstsein für sie entwickeln.

Kapitel 21: Eifersucht verstehen

Eifersucht ist genau genommen kein eigenes Gefühl, sondern ein komplexer Vorgang, bei dem beide Partner ihren Beitrag leisten. Bei Eifersucht spielen mehrere Gefühle und Umstände eine Rolle, für die wir insgesamt wieder Verantwortung übernehmen müssen. Da zu Eifersucht und zu all den weiteren Vorgängen, die wir in den folgenden Kapiteln behandeln werden, immer beide Partner ihren Teil beitragen, ist es ratsam, dass sich auch beide Partner mit ihrem Verhalten auseinandersetzen: gerade dann, wenn diese Vorgänge auftreten. Erst dann kann sich die Beziehung in eine erfüllte Gemeinschaft verwandeln.

Eifersucht spielt immer dann eine Rolle, wenn bereits etwas im Argen liegt. In einer ausgeglichenen, aufrichtigen und harmonischen Beziehung, in der beide Partner respektvoll und offen miteinander umgehen, spielt Eifersucht keine Rolle. Im Umkehrschluss ist Eifersucht eine gute Möglichkeit, durch die wir erkennen können, wo in unserer Beziehung Verbesserungs- und Entwicklungspotenzial besteht. Diese komplexen Vorgänge wollen wir anhand von Beispielen erläutern, welche die typischen Dynamiken und Ursachen der Eifersucht aufzeigen.

Beispiel

Jessica und Reinhard führen seit einigen Jahren eine unsichere Beziehung. Beide haben sich mit der Zeit mehr und mehr gehenlassen und leben eher neben- als miteinander. Ein Haus auf Kredit und ein gemeinsames Kind binden sie aneinander. Da zu Hause alles mehr und mehr abgestumpft ist, sucht Jessica seit einiger Zeit Aufmerksamkeit bei anderen Männern. Sie hat sich schließlich in einen anderen Mann verliebt, den sie ab und an heimlich trifft. Ihr Partner Reinhard weiß davon nichts, merkt aber, dass sich Jessica noch weiter von ihm entfernt hat, als das bislang der Fall war. Das hat dazu geführt, dass er fälschlicherweise einen anderen Mann, mit dem Jessica seit Jahren locker befreundet ist, verdächtigt, mit ihr eine Affäre zu haben.

Durch die eingeschlafene Beziehung hat Jessica begonnen, sich immer weiter von Reinhard zu lösen. So vergrößert sich die sowieso schon bestehende Distanz zwischen ihr und ihrem Partner. Dadurch, dass Jessica Bestätigung und Anerkennung im Außen sucht, hat sie die Beziehung, die eigentlich einen vertrauten Raum bilden sollte, nach außen geöffnet, und die Männer reagieren entsprechend. Erst hier bemerkt Reinhard, dass sich die Beziehung auseinanderbewegt und zwischen ihm und Jessica eine Distanz entstanden ist. Er wird eifersüchtig, beschuldigt jedoch den falschen Menschen. Insgesamt hat er jedoch mit seinem Gefühl der Eifersucht recht, denn Jessica hat sich in der Tat in einen anderen Mann verliebt. Reinhards Gefühl täuscht ihn also nicht. Er könnte diesen Impuls nutzen, um wieder mehr Nähe zu Jessica aufzubauen, sodass sie das, was sie in ihrer Beziehung vermisst und was sie sich anderswo zu holen versucht, wieder bei ihm bekommt. Oft ist Eifersucht ein Zeichen dafür, dass beide Partner wenig Nähe zueinander herstellen und dadurch auch nur schwer Vertrauen zueinander aufbauen können. Sobald wir oder unser Partner eifersüchtig sind, sollten wir genau diesen beiden Dingen nachgehen und uns die Frage stellen, was uns möglicherweise daran hindert, Nähe und Vertrauen aufzubauen.

Eifersucht ist auch oft ein Indikator dafür, dass wir unseren Partner gar nicht richtig lieben und dass wir die Beziehung in erster Linie aufrechterhalten, um nicht allein sein zu müssen. Unserem eifersüchtigen Partner entgeht das meist nicht und er merkt insgeheim, dass wir ihn nicht wirklich lieben. Wir lassen auch in diesem Fall keine wirkliche Nähe zu. Auch dies ist ein Indiz, dass in der Beziehung insgesamt etwas im Argen liegt, dass der eifersüchtige Partner dies auch bemerkt und dass wir diese Signale für eine Verbesserung in der Beziehung nutzen sollten.

Beispiel

Richard war bereits eine längere Zeit Single und hatte die Zeit des Alleinseins irgendwann satt. Also ließ er sich auf eine Beziehung mit Julia ein, von der er wusste, dass sie schon seit langem in ihn verliebt war. Doch das führte nicht dazu, dass sich von seiner Seite aus Liebe entwickelte. Julia litt wiederum von Anfang an unter heftiger Eifersucht und musste sich immer zusammenreißen, um ihn nicht damit zu nerven. Sie befürchtete einerseits, dass er sie bald wegen einer anderen verlassen könnte, und andererseits, dass sie ihn wegen ihrer Eifersucht verlieren könnte.

Julia ist sich bewusst, dass ihre Eifersucht ein Problem darstellt und versucht, diese zu kontrollieren. Da sie jedoch jeden Tag aufs Neue unbewusst damit konfrontiert wird, dass Richard sie nicht wirklich liebt, kann ihre Eifersucht auch nicht zur Ruhe kommen. Sie hat berechtigte Angst, ihn zu verlieren, denn im Kern hat Richard sich nie in sie verliebt und die Beziehung stand damit von Anfang an unter keinem guten Stern. Ihre Eifersucht gibt ihr einen deutlichen Hinweis, dass etwas in ihrer Beziehung nicht stimmt. Sie sucht den Fehler jedoch nur bei sich und im Falle eines Scheiterns der Beziehung würde sie glauben, sie hätte ihren Partner durch ihre Eifersucht dermaßen genervt, dass ihre Partnerschaft daran zerbrochen ist.

Um dieses Problem einigermaßen lösen zu können, müssen sich beide ehrlich und gemeinsam mit dem Thema beschäftigen. Julia muss auf der einen Seite Richards Wahrheit erfahren und die Chance bekommen, sich mit der Tatsache auseinanderzusetzen, dass er sie nicht wirklich liebt. Nur so hat sie die Möglichkeit, klar für sich zu entscheiden, ob sie sich auf eine solche Beziehung einlassen und ihr unter diesen ehrlichen Bedingungen eine Chance geben möchte oder nicht.

Da Richard jedoch Angst davor hat, wieder ein Single-Leben führen zu müssen, bewegt er sich bewusst in dieser Grauzone. Aufrichtigkeit würde beiden helfen, sich ehrlicher aufeinander einzulassen. Dann würde die Beziehung vielleicht sogar eine positive Wendung nehmen. In der jetzigen Lage besteht gar nicht erst die Möglichkeit, dass Richard Julias wahres Wesen kennenlernt. Vielleicht würde er sich dann ernsthaft auf sie einlassen und sich vielleicht sogar in sie verlieben. Unter den jetzigen Umständen wird alles durch den Schleier der Eifersucht getrübt. Problematisch werden solche Beziehungen immer dann, wenn einer von beiden nicht wirklich weiß, worauf er sich eingelassen hat.

Beispiel

> Jonas berichtet, dass er zufällig beim Vorbeigehen an einer Eisdiele seiner Partnerin Nina gegenüber erwähnte, dass er dort einmal mit seiner vorherigen Partnerin Eis aß, welches sehr gut schmeckte, und dass er Lust hätte, dort wieder einmal Eis zu essen. Nina warf ihm daraufhin sofort vor, er würde sie belügen und es nicht ernst mit ihr meinen. Sie machte Jonas zufolge eine Riesenszene daraus. Seitdem bohre sie ständig nach, warum er ihr das verschwiegen habe. Jonas berichtet weiter, dass er vorher nie an das Ereignis gedacht habe und dass es für ihn gar keinen weiteren Stellenwert hatte, sondern dass er es nur erwähnt habe, weil er beim Vorbeigehen spontan daran erinnert wurde. Seitdem ist es schwierig, mit Nina an dieser Eisdiele vorbeizugehen geschweige denn, dort Eis zu essen: sei es allein oder mit ihr. Denn dann rollt sie dieses Thema immer wieder auf und fühlt sich hintergangen. Jonas fühlt sich hilflos, und weiß nicht, wie er damit umgehen soll. Er kann tun und sagen, was er will, nichts scheint die Situation verbessern zu können. Er hat das Gefühl, Nina höre ihn gar nicht und jedes Wort mache alles nur noch schlimmer.

In Jonas' Partnerin Nina hat die Eisdiele ein altes Thema geöffnet. Anders als in den vorherigen Beispielen in diesem Kapitel reagiert sie nicht etwa auf eine Distanz oder eine Veränderung in der Beziehung.

Vielmehr ist sie durch die Erzählung über eine Ex-Freundin mit einem ganz eigenen Konflikt in Kontakt gekommen, der sie nicht mehr losgelassen hat. Bei Nina wurden destruktive innere Wunden aktiviert, die jedoch auch schon vor ihrer Beziehung mit Jonas Teil ihres Inneren waren. Jeder Versuch von Jonas, durch Aufrichtigkeit die Harmlosigkeit der Situation vor der Eisdiele zu untermauern, wird von Nina gegenteilig ausgelegt. Sie wird von innen mit ihrer alten, abgespaltenen Energie, die auf dieses Thema reagiert, konfrontiert. Somit wird sie sich zu keinem Zeitpunkt rational damit auseinandersetzen können. Die inneren Prozesse, die Jonas' Partnerin dabei durchmacht, sind für sie schwer aushaltbar. Dadurch kann sie auch nicht anders, als dieses Thema immer wieder aufzurollen. Sie ist dann intensiv mit innerer Selbstablehnung, die bis in den Selbsthass hineinreicht, in Kontakt getreten, dass es auf ihr Inneres einen entspannenden Effekt hat, wenn sie ihren Gefühlen freien Lauf lässt: wenn sie die Ablehnung und den Hass in Form von Vorwürfen nach außen gegen Jonas richtet und die Beziehung damit schwer belastet.

Selbsthass ist sehr kraftvoll und tiefgehend und seine Aufarbeitung ist mit einem langen Weg verbunden, wenn wir nicht auf professionelle Hilfe zurückgreifen. Wie wir bereits in Kapitel 17 „Hass erkennen" sehen konnten, ist die Kraft hinter dem Selbsthass ausgesprochen destruktiv. Sie äußert sich in der Beziehung zwischen Jonas und seiner Partnerin auch in Form von heftigen Vorwürfen. Außerdem kommt diese Energie immer plötzlich und ohne Vorankündigung zum Vorschein. Nina muss die Signale, die sich ihr zeigen, in ihrem Körper und in ihrem Inneren erkennen lernen, und zwar bevor Hass und Selbsthass zum Vorschein kommen. Andernfalls wird diese Energie sie immer negativ überraschen und sie hat dann keine Möglichkeit, sachlich mit ihr umzugehen.

Jonas bleiben hier nicht viele Möglichkeiten. Er muss darauf achten, dass er nicht zum Spielball dieser destruktiven Energie wird. Er muss in solch einer Phase sowohl Nina als auch dieser Energie gegenüber einen klaren

Kopf behalten. Nur so kann er Nina auch in solchen Momenten weiterhin liebevoll behandeln. Nur das kann ihr wiederum helfen, ein Bewusstsein für ihre inneren Zustände zu entwickeln. Es besteht kein Zweifel daran, dass sie sich mit ihren inneren Zuständen beschäftigen muss, damit sich die Beziehung langfristig verbessern kann.

Aber auch Jonas muss wissen, dass in einer solchen Situation jede Rechtfertigung und jede Erklärung keine Lösung bringen werden. Im Gegenteil: Jede Rechtfertigung wird diesen Konflikt und die destruktive Energie seiner Partnerin weiter nähren. Schließlich hat er bereits die Erfahrung gesammelt, dass jedes Wort alles nur noch schlimmer macht. Dieser Beobachtung muss er folgen und seine bisherige Lösungsstrategie dementsprechend ändern. Nur so kann er das Zerstörerische erst einmal unterbrechen, Ruhe zurückgewinnen und sich auf diesem Wege daran erinnern, warum er mit Nina zusammengekommen ist. Ein solches Erinnern ist ein Erinnern an etwas Höheres in uns und lädt auf unbewusstem Weg sogar unseren Partner ein, sich ebenfalls wieder an seine innere Wahrheit, an sein Höheres im Inneren zu erinnern. Konflikte und destruktive Muster solcher Art benötigen viel Erkennen und Klarheit von uns, wenn unser Partner die Möglichkeit bekommen soll, mit sich ins Reine zu kommen.

Es gibt noch weitere Aspekte, die zu Eifersucht in Beziehungen führen und unter denen viele Paare leiden. Wir sehen uns auch dann mit Eifersucht konfrontiert, wenn wir feststellen, dass unser Partner einem anderen Menschen etwas gibt, während wir diese Dinge in unserer Beziehung vermissen: etwa Aufmerksamkeit oder Nähe. Da wir unsere Bedürfnisse und Missstände in unserer Beziehung oft nicht wirklich kennen, sind wir nur selten in der Lage, diese Bedürfnisse und Missstände unserem Partner gegenüber klar zu kommunizieren. Dadurch verkompliziert sich die Kommunikation dahingehend, dass wir unser Bedürfnis nach Aufmerksamkeit und Nähe wegen unserer Eifersucht immer noch nicht klar ausdrücken können.

Beispiel

> Dorothea hat Probleme damit, dass ihr Partner Daniel ihr nicht richtig zuhört, anderen Menschen aber große Aufmerksamkeit entgegenbringt. Während sie sich immer wieder darüber ärgert, dass Daniel die für sie wichtigen Dinge regelmäßig vergisst, berichtet er immer peinlichst genau von Begegnungen mit anderen oder er beschreibt detailliert, welche Dinge ihn gerade beschäftigen. Sie ist dann immer eifersüchtig, dass Daniel ganz offensichtlich für andere da sein, sie regelmäßig treffen und sich in Themen vertiefen kann, während sie sich von ihm vernachlässigt fühlt und er ihr eher oberflächlich begegnet.

Wenn Dorothea etwas von Daniel einfordert, wird er immer sofort unbewusst an seine fordernde Mutter erinnert. Sobald Dorothea etwas äußert, macht sein Inneres dicht und er fühlt sich gleich von ihr vereinnahmt. Dabei spielt es aufgrund der Länge ihrer Beziehung nicht einmal mehr eine Rolle, ob Dorothea tatsächlich etwas einfordert oder ob sie Daniel einfach nur etwas aus ihrem Alltag erzählt. Er macht einfach dicht und kann sich nicht neutral auf sie einlassen. Dorotheas Eifersucht dient ihr wiederum als Hinweis, dass in ihrer Beziehung etwas nicht stimmt. Da sie Daniel aber allein durch ihre Präsenz bereits an seine Mutter erinnert und er dann dicht macht, muss Daniel zunächst ein Bewusstsein dafür entwickeln, dass er sich so verhält – und darauf aufbauend, dass dieser Mechanismus in ihm nicht wirklich etwas mit Dorothea zu tun hat.

Dorothea muss entgegengesetzt darauf achten, inwieweit sie sich durch ihren Frust und ihre Eifersucht tatsächlich so zu verhalten beginnt, wie es Daniels fordernde Mutter getan hat. Dorothea sollte auf ihre Stimmlage und auf die Art achten, wie sie ihren Partner anspricht. Auch ihre Intension beim Ansprechen ist wichtig. Sie muss hier wirklich wach bleiben, denn sonst formt Daniels unbewusstes Muster sie langfristig tatsächlich zu einem Menschen, der seinen Partner nervt. Dorothea muss unbedingt verstehen lernen, warum Daniel sie so behandelt und sie damit regelrecht in eine solche Eifersucht drängt. Weiterhin sucht dieses Muster, welches sie ablehnt, Bestätigung. Dessen ist sich Daniel aber nicht bewusst. Wenn das Muster diese Bestätigung nicht mehr bekommt, weil Dorothea sich nicht hineinziehen lässt, versucht es, sich in Form von Konflikten wie von selbst mit neuer Energie zu versorgen, nur um weiter in Daniel existieren zu können.

Wir sollten nicht unterschätzen, dass unsere abgespaltenen Anteile und die dazugehörigen Muster wie eigenständige Wesen in uns agieren und sich selbst erhalten wollen. Konflikte dienen dann als energetische Versorgung und halten diese Muster aufrecht. Deswegen haben wir auch so oft das Verlangen, mit unserem Partner zu streiten, obwohl wir uns auf anderer Ebene nach Harmonie sehnen. Dorothea entwickelt sich also genau dadurch zu diesem frustrierten Menschen, der seinem Partner tatsächlich irgendwann auf die Nerven geht. Darüber hinaus muss ihr klar werden, dass sie sich davon lösen muss, um ganz sie selbst zu bleiben. Es ist ein komplexes Wechselspiel, welches wir häufig in unseren Beziehungen führen. Wir können eine solche Entwicklung immer dann erkennen, wenn wir merken, dass wir etwas tun oder sagen, was nicht unserer Art, unserem Selbstverständnis oder unserer Gewohnheit entspricht, langfristig aber zu einer neuen Gewohnheit wird. Besonders in Familien und bei Menschen, die sich nahestehen, ist das fast immer der Fall.

Dorotheas Partner Daniel fehlt das notwendige Einfühlungsvermögen, sowohl sich selbst als auch Dorothea gegenüber. Das zeigt sich etwa dadurch, dass er inzwischen in seinem Gehirn ein vorgefertigtes Bild seiner Partnerin gespeichert hat und dass dieses Bild sehr negativ besetzt ist: unabhängig davon, wie Dorothea wirklich ist. Fehlende Aufmerksamkeit unserem Partner gegenüber kann genauso wie Wut, Angst oder Eifersucht dazu führen, dass es in unserer Beziehung zu Schwierigkeiten kommt, weil wir unserem Partner ohne entsprechende Aufmerksamkeit vernachlässigen.

Kapitel 22: Fehlende Aufmerksamkeit

Wenn wir uns verlieben und daraus eine Beziehung entsteht, möchten wir am liebsten jede Sekunde mit dem neuen Partner verbringen. Diese Anfangseuphorie legt sich irgendwann, was ein ganz natürlicher Prozess ist. Gefährlich für die Beziehung wird es dann, wenn der Alltag, Stress, Probleme im Berufsleben oder in der Familie sowie andere Verpflichtungen so stark überhandnehmen, dass die Beziehung darunter leidet. Wenn wir diese Entwicklung nicht bemerken, riskieren wir, dass wir uns gegenseitig nicht mehr genug Aufmerksamkeit schenken und uns immer weniger in die Beziehung einbringen. Unsere Wertschätzung für unseren Partner nimmt dann mit der Zeit ab, sodass wir unsere Liebe für ihn nicht mehr fühlen. Unsere Gefühle stumpfen ab. Dann ist es nicht mehr weit, bis wir oder unser Partner über fehlende Aufmerksamkeit, Lieblosigkeit, Vernachlässigung, Desinteresse oder Gleichgültigkeit klagt. Sind wir mit unserem Partner an diesem Punkt angekommen, muss bei uns beiden ein Reifungsprozess stattfinden und wir beide müssen ein Bewusstsein für den Zustand unserer Beziehung entwickeln.

Verpflichtungen in unserem Leben verschwinden naturgemäß nicht, nur weil wir eine Beziehung eingehen. Und es ist ganz natürlich, dass Verpflichtungen im Laufe der Beziehung wieder mehr Raum einnehmen. Die Kunst einer erfüllten Beziehung besteht darin, die Balance zwischen Alltag und Beziehungszeit zu finden. Es kann sehr lange dauern, diesen optimalen Zustand zu erreichen. Was sind also die Schlüsselelemente, um dorthin zu gelangen und fehlende Aufmerksamkeit, mangelnde Wertschätzung, Desinteresse oder Gleichgültigkeit gar nicht erst entstehen zu lassen?

Beide Partner müssen sich damit auseinandersetzen, was sie für eine erfüllte Beziehung, aber auch für ein erfülltes Leben brauchen. Erst wenn wir mit uns im Reinen sind, ist es möglich, die Wertschätzung unserem Partner gegenüber auch im Laufe der Zeit nicht zu verlieren und uns weiterhin gegenseitig mit Aufmerksamkeit zu beschenken. Hierbei beeinflusst die Art, wie wir unseren eigenen, ganz persönlichen Alltag leben, auch unseren Beziehungsalltag: insbesondere, wie sich dieser nach der Anfangszeit einer neuen Partnerschaft entwickelt. Sind wir eher ein lebendiger Typ, der das Leben genießt und positiv angeht, teilen wir dies ebenso mit unserem Partner und werden mit einem ebensolchen Beziehungsalltag belohnt – vorausgesetzt, wir beide gehen das Leben grundsätzlich positiv an. Ermüdet unser Alltag uns, ziehen wir uns vor uns selbst und damit auch vor unserem Partner zurück. Darunter leidet der Beziehungsalltag. Wir neigen in solchen Situationen fälschlicherweise dazu, unseren Partner für Probleme, die eigentlich aus uns selbst heraus entstehen, verantwortlich zu machen. Das merken wir meist nicht. Wenn wir uns also in der Zeit vor unserer Beziehung nicht erfüllt gefühlt haben, von unserer Arbeit und unserem Alltag ermüdet waren und es uns an Freude gefehlt hat, dann wird sich dies nicht automatisch ändern, nur weil wir eine neue Beziehung mit einem anderen Partner eingehen.

Wir hoffen jedoch gerne, dass diese neuen Lebensumstände, sprich: eine neue Beziehung mit einem neuen Partner, dafür sorgen, dass unsere Probleme gelöst werden und wir dann erfüllt und glücklich sind. Das mag in der Anfangsphase auch funktionieren, doch der Schein trügt. Der innere Zustand, den wir vor der Beziehung in unserem Alltag erlebt haben, stellt sich irgendwann wieder ein. Von da an beginnen wir wieder, unseren Partner für unser Befinden und unsere eigenen destruktiven Gefühle verantwortlich zu machen und den Nährboden für neue Konflikte zu bereiten. Deshalb ist es wichtig, dass wir uns und unsere Gewohnheiten gut kennen: am besten sogar, bevor wir eine neue Beziehung eingehen. Wir sollten wissen, ob uns unser Alltag eher herunterzieht, ob wir eher traurig sind oder ob wir unsere Gefühle gar nicht mehr wirklich fühlen. Oder ob wir aus unseren Aufgaben heraus Kraft schöpfen, Probleme lösungsorientiert angehen, dabei erfüllt sind und Freude empfinden. Das wird sich immer auf unsere Beziehung auswirken.

Beispiel

Vanessa wirft ihrem Mann Martin regelmäßig vor, dass er sich nach der Arbeit auf dem Sofa entspannt, statt sie im Haushalt zu unterstützen. Er sehe doch, dass sie alle Hände voll zu tun habe, und könne ihr gleich etwas abnehmen, wenn er zur Tür hereinkommt. Schließlich konnte er bereits im Zug von der Arbeit nach Hause entspannen und sich auf seinem Tablet einen Film anschauen. Martin versackt zu Hause jedoch vor dem Fernseher, während der Haushalt an Vanessa hängen bleibt. Er möchte nach der Arbeit entspannen und empfindet Vanessa immer als anstrengend. Er würde sich dann am liebsten nicht nur von der Arbeit, sondern auch von ihr entspannen. Vanessa wiederum fühlt sich nicht gesehen, nicht wertgeschätzt und vernachlässigt.

Martin muss sich zwei Dinge vor Augen führen, wenn er möchte, dass sich seine Beziehung wieder in eine für ihn angenehmere Richtung verändert. Wenn er seine Zeit auf dem Sofa vor dem Fernseher benutzt, um Vanessa aus dem Weg zu gehen, wird sie ihn währenddessen nur noch mehr stören und er wird sie als aufdringliches Ärgernis empfinden. Während er sich zurückzieht, aktiviert er ihre Unzufriedenheit noch stärker, sodass sie ihm erst recht keine Ruhe lässt. Weiterhin sollte er auch kritisch hinterfragen, ob er sich nach seiner Zeit auf dem Sofa vor dem Fernseher wirklich regeneriert fühlt oder ob ihn das nicht vielleicht noch weiter herunterzieht.

Sowohl Martin als auch Vanessa müssen verstehen, dass ein Versacken vor dem Fernseher eine Flucht vor dem Alltag darstellt. Das tun in der Regel Menschen mit depressiven Zügen. Deshalb sollte Martin sein Ritual nach der Arbeit bewusst verändern. Vielleicht könnte er auf dem Sofa entspannen, jedoch jegliche Technik ausgeschaltet lassen. Während dieser technikfreien Entspannungszeit würden ihm noch einmal die wichtigsten Gedanken des Tages durch den Kopf gehen, sein Körper könnte langsam zur Ruhe kommen. Fehlt die Berieselung durch den Fernseher, würde Martin von ganz allein viel schneller vom Sofa aufstehen und erfrischt und erholt am Beziehungsleben teilnehmen. Solange er sich jedoch passiv berieseln lässt, wird er seine Frau weiterhin als Last empfinden und sie ihn nicht zur Ruhe kommen lassen.

Vanessa wiederum muss sich damit auseinandersetzen, dass sie ihren Mann überfordert, wenn er sich am Haushalt beteiligen soll, sobald er zur Tür hereingekommen ist. Er muss erst einmal zu Hause ankommen können und diesen Raum muss sie ihm zugestehen. Sie muss auch ein Verständnis dafür entwickeln, dass eine Zugfahrt mit fremden Menschen für Martin nicht unbedingt Entspannung bedeutet, obwohl er sich während der Fahrt einen Film anschaut. Trotz beendetem Arbeitstag befindet sich Martin auch im Zug immer noch in der Öffentlichkeit. Er hat noch keinen wirklichen Abstand zur Arbeit. Sein Körper bleibt so lange angespannt, bis er zu Hause ankommt. Da Martin bereits beim Betreten der Wohnung Erwartungen erfüllen muss, kann sein Körper allerdings immer noch nicht in den Zustand der Entspannung gelangen. Mit ihrer Art treibt Vanessa ihren Mann also eher von sich und ihrem gemeinsamen Alltag weg. Hinzu kommt, dass Martin gar keine Möglichkeit bekommt, von allein auf seine Frau zuzugehen. Beide leisten also ihren Beitrag dazu, dass sich ihre Beziehung und ihre Kommunikation in eine destruktive Richtung verändert haben.

Beide tragen außerdem dazu bei, ein negatives Bild voneinander aufrechtzuerhalten. Vanessa fühlt sich von Martin weder gesehen noch wertgeschätzt. Gleichzeitig gibt Vanessa ihrem Mann nicht den Raum, der nötig wäre, damit er sowohl sein Zuhause als auch Vanessa als etwas Positives wahrnimmt. Dies wäre die Grundvoraussetzung, um sich ohne ihre Aufforderung und aus eigenem Willen an der Mitgestaltung der gemeinsamen Zeit zu beteiligen. Auch Vanessa muss sich eingestehen, dass sie Martin nicht sieht oder wertschätzt. Wenn sie ihn nach der Arbeit sofort mit Aufgaben überhäuft oder mit Vorwürfen konfrontiert, ist auch sie ihm gegenüber nicht aufmerksam. Beide müssen lernen, wieder miteinander zu sprechen. Hierfür würde sich anbieten, dass sie beide nach Martins Heimkehr eine halbe Stunde lang zusammen Zeit auf dem Sofa verbringen und zunächst einmal miteinander reden und gar keinen Verpflichtungen nachgehen. Auf diese Weise könnte die destruktive Routine ihres Alltags unterbrochen und durch etwas Positives ersetzt werden.

Da viele von uns gestresst von der Arbeit nach Hause kommen und oft auch noch einer Arbeit nachgehen, die uns nicht erfüllt, sind depressive Gefühle und Verhaltenszüge weit verbreitet. Sie lassen uns abstumpfen, unsere tiefen Gefühle sind uns schwerer zugänglich, unsere Lebensfreude nimmt ab und folglich vernachlässigen wir auch unseren Partner und unsere Partnerschaft. Fehlende Aufmerksamkeit, mangelnde Wertschätzung, Lieblosigkeit, Vernachlässigung, Desinteresse oder Gleichgültigkeit sind eine logische Folge.

Deshalb ist es trotz einer vielleicht unbefriedigenden Arbeitssituation wichtig, dass wir unsere Beziehung und unsere Zeit nach der Arbeit lebendig gestalten. Ein wichtiger Punkt besteht darin, dass wir in unserer Freizeit sowohl allein als auch mit unserem Partner Rituale und Gewohnheiten einführen, die uns schnell in unsere Mitte zurückführen. Das kann eine kurze Meditation sein oder eine Atemübung. Oder wir können uns einfach nur hinlegen und gemeinsam entspannen. Wir sollten außerdem verstärkt Aktivitäten nachgehen, die unsere Freude beleben und uns nach der Arbeit Kraft geben. Das kann ein kleiner Spaziergang oder etwas Sport und Bewegung sein. So verbinden wir uns mit unserem Körper und unserem Inneren und stellen innerlich wieder den Raum her, in den wir letztendlich auch unseren Partner einladen und ihm dadurch mehr Nähe zukommen lassen. Außerdem sollten wir uns Aufgaben und Hobbys suchen, die uns erfüllen, sodass wir in unserer Freizeit beginnen, unsere Lebensfreude zu erhöhen und uns dadurch wieder zu fühlen.

Fehlende Aufmerksamkeit in einer Beziehung kann auch die Intimität zwischen uns und unserem Partner betreffen, wie es im folgenden Beispiel der Fall ist.

Beispiel

> Elisabeth beklagt, dass sie von ihrem Mann Tobias nicht genug Aufmerksamkeit geschenkt bekommt und sich von ihm nicht geliebt fühlt. Sie vermisst Komplimente und Berührungen, körperliche Nähe und Sexualität. Sie weist ihn seit Jahren darauf hin, dass sie sich deswegen nicht attraktiv fühlt. Doch geändert hat er sich nie. Nun will sie sich trennen.

Elisabeth muss sich damit auseinandersetzen, dass sie in einer Opferrolle verhaftet bleibt, solange sie von Tobias Komplimente und Aufmerksamkeit einfordert. Sie wird auf diese Weise zu einer Frau, die ihrem Mann hinterherläuft, um Komplimente bettelt und sich in ihrem eigenen Wert immer weiter herabsetzt. Damit macht sie sich klein und erniedrigt sich selbst. Das wiederum verstärkt das negative Bild, das sie ohnehin schon von sich hat. Tobias nimmt sie dann im Laufe der Zeit immer weniger ernst. Er hat auch nicht das Gefühl, er könne seiner Frau geben, wonach sie sucht.

Elisabeth muss erkennen, dass ihr Wunsch nach Aufmerksamkeit, nach körperlicher Nähe, Komplimenten, Berührungen und Sexualität in einer solchen Phase ihrer Beziehung alles eher schlimmer macht. Im Grunde liebt auch sie sich selbst nicht wirklich, findet sich nicht attraktiv und vermittelt dieses Bild unbewusst auch ihrem Mann. Um die Aufmerksamkeit zu bekommen, die wir uns wünschen, müssen wir uns zunächst einmal selbst lieben und mit unserem Körper und unserem Inneren im Reinen sein. Die umgekehrte Reihenfolge, also dies erst von unserem Partner einzufordern, bevor wir diese Qualitäten in uns selbst ausbilden, funktioniert nicht.

Tobias nimmt Elisabeth daher auch nicht mehr wie zu Beginn ihrer Beziehung als starke, sondern als schwache Frau wahr. Elisabeth muss unbedingt an ihrem Selbstwert, an ihrer Liebe für sich selbst und an ihrem Gefühl für ihren Körper arbeiten. Sie muss sich erst wieder aus sich selbst heraus attraktiv finden, sodass ihr Mann sie anders wahrnehmen kann. Das muss ausschließlich von ihr ausgehen. Denn Tobias hat durch die lange Zeit, in der Elisabeth nach Komplimenten gebettelt hat, in seinem Kopf ein negatives Bild von ihr abgespeichert. Er ist von allein nicht mehr in der Lage, das zu ändern: Die Art, wie er sie wahrnimmt, ist zu seiner Gewohnheit geworden. Er sieht Elisabeth also nicht mehr mit den gleichen Augen wie zu der Zeit, als er sie kennenlernte. Sein Blick auf sie wurde im Laufe der Zeit dadurch getrübt, dass er sie mit seinen inneren, destruktiven Anteilen negativ besetzt hat. Anders ausgedrückt: Tobias packt sie in seinem Kopf in die gleiche Schublade wie seine Probleme. Dieses Bild, weniger wertvoll zu sein, haben also beide tief verinnerlicht. Das lässt sich nicht einfach so mit ein paar Komplimenten rückgängig machen, zumal Tobias sich des negativen Bildes, das er von Elisabeth hat, ja nicht einmal bewusst ist.

Deshalb ist es umso wichtiger, dass sich Elisabeth von sich aus dahingehend ändern muss, dass sie sowohl sich selbst als auch Tobias überrascht. Nur dadurch kann sie langfristig dieses negative Bild in seinem Kopf lockern. Vielleicht probiert sie eine Typveränderung oder Stilberatung aus, um neue Impulse zu bekommen. Oder sie beginnt, sich sportlich zu betätigen, um sich in ihrem Körper wieder wohler zu fühlen. Sie muss sich außerdem damit auseinandersetzen, was ihr in ihrem Inneren fehlt, damit sie sich selbst wieder als wertvoll empfinden kann.

Haben wir einmal angefangen, mehr Aufmerksamkeit von unserem Partner einzufordern, ist es schwer, dieses eingespielte Muster wieder zu durchbrechen. Denn unser Partner hat dann bereits lange, bevor wir Aufmerksamkeit einfordern, ein negatives Bild von uns in seinem Kopf gespeichert, während wir uns durch unsere Forderung nach Aufmerksamkeit in unserem Wert immer weiter herabgesetzt haben.

Dieses Wechselspiel ermöglicht es überhaupt erst, dass uns auf der einen Seite unser Partner im Laufe der Zeit immer negativer wahrnimmt. Auf der anderen Seite führt es dazu, dass wir bei ihm immer mehr Aufmerksamkeit suchen. Denn in der Anfangszeit war er uns gegenüber ja noch offen und aufmerksam und wir versuchen dann, das, was uns im Laufe der Zeit verloren gegangen ist, wiederzubekommen. Jedoch müssen wir erst durch eine eigene Initiative vorleben, wie wunderbar wir sind, sodass sich unser Wert uns selbst gegenüber, aber auch in der Wahrnehmung unseres Partners wieder verändert.

Wir können somit festhalten, dass ein Mangel an Aufmerksamkeit seitens unseres Partners zunächst von uns verlangt, unser eigenes Bild von uns selbst kritisch zu hinterfragen. Wir müssen eigenverantwortlich aktiv werden und innerlich erst das entwickeln, was wir uns äußerlich als Aufmerksamkeit oder Komplimente wünschen, und den Selbstwert aus unserem Inneren heraus selbst schöpfen. Es braucht etwas Zeit, bis auch unser Partner sein negatives Bild von uns loslassen kann und unsere Veränderung erkennt. Nachdem sich destruktive Mechanismen in unsere Beziehung eingeschlichen haben, braucht es Entwicklungsarbeit, um unser Bewusstsein zu erweitern und unseren Partner wieder frei wie in der Anfangszeit wahrnehmen und lieben zu können: der Zeit, in der unsere persönlichen Probleme noch keine Rolle gespielt haben.

Kapitel 23: Einsamkeit zu zweit

In vielen Partnerschaften fühlen sich beide Partner einsam, da sie statt miteinander nur noch nebeneinanderher leben. Wir haben bereits gesehen, dass unsere Gefühle der Wut, des Hasses und der Angst unseren Partner von uns wegschieben. Es sind diese Gefühle, die einen nahbaren Kontakt zu unserem Partner unterbinden. Wir sind mit unseren inneren Mustern der Eifersucht oder mit unseren noch älteren Überzeugungen und Glaubenssätzen in Kontakt und halten unsere Distanz zu unserem Partner aufrecht. Wir glauben diesen Mustern und sind nicht in der Lage, unsere Sicht der Dinge zu hinterfragen. Wir kommen gar nicht erst auf die Idee, dass es vielleicht noch eine andere Perspektive gibt. Folglich fehlt uns der Blick dafür, wie unser Partner wirklich ist.

Wenn wir Komplimente vermissen, uns vernachlässigt fühlen und uns in der Beziehung selbst abwerten, indem wir bei unserem Partner um Aufmerksamkeit betteln, verlieren wir den Blick auf uns und unsere Beziehung noch weiter und werden unserem Partner gegenüber fordernd. Jedes Verhalten, das solchen unbewussten Mustern und Dynamiken folgt, führt dazu, dass wir all unsere schlechten, negativen und destruktiven Gefühle, die wir in uns haben, unbewusst auf unseren Partner übertragen. Wir machen ihn dafür verantwortlich und bringen ihn mit diesen schlechten Gefühlen in uns in Verbindung. Einmal in solch einer Spirale angekommen, trägt jedes weitere Muster und jede weitere Herausforderung in der Beziehung und im Leben dazu bei, dass unsere Beziehung zu unserem Partner immer weiter abstumpft. Schließlich ertragen wir den Alltag und die damit verbundenen Routinen eher passiv, als dass wir beides aktiv und gemeinsam gestalten. Diese Kreisläufe sind die Ursache, wieso wir uns in unserer Partnerschaft oft einsam fühlen.

Alle hier aufgelisteten Aspekte, die zu Einsamkeit führen, haben eines gemeinsam: Wir wollen dem, was in uns ist, nicht begegnen. Wir bleiben stattdessen unbewusst darin verhaftet, unseren Partner für destruktive Gefühle in uns verantwortlich zu machen. Das ist nichts weiter als eine uralte Überlebensstrategie unseres Gehirns: die Schmerzvermeidung. Es ist einfacher, den Partner für unsere Gefühle verantwortlich zu machen, als die Ursache dafür in uns zu suchen. Würden wir letzteres tun, müssten wir in der Konsequenz eigenverantwortlich an unserem Inneren arbeiten. Da Schmerzvermeidung so tief in uns allen verankert ist, sind auch fast alle Beziehungen irgendwann einmal davon betroffen, dass sich einer oder gar beide Partner innerlich zurückziehen und sich dadurch einsam fühlen. Uns fehlt dann der Blick dafür, dass wir es sind, in denen solche Prozesse vonstattengehen: dass wir es sind, die unserem eigenen Schmerz aus dem Weg gehen, und dass wir es sind, die damit eine Distanz zu uns und unserem Partner erzeugen. Auch sind wir nicht imstande zu erkennen, dass wir genau dies in uns überwinden müssen und dass wir selbst der Grund sind, warum wir vielleicht weniger oder gar keine Liebe mehr für unseren Partner empfinden. Richten wir den Blick nicht nach innen, stumpfen wir innerlich weiter ab. Jede weitere Herausforderung in unserer Beziehung und in unserem Leben empfinden wir dann als Belastung und dies trägt dazu bei, dass wir uns immer weniger fühlen. Ein Teufelskreis.

Wir ziehen uns vor unserem Partner immer weiter in die Einsamkeit zurück, wenn wir mit unserem inneren Schmerz in Kontakt kommen und ihm nicht bewusst begegnen wollen. Wenn wir die oben beschriebenen Muster in uns tragen, werden wir diesen Schmerz trotz unserer Vermeidungsstrategie in Gegenwart unseres Partners fühlen, ob wir wollen oder nicht. Denn er wirkt als Spiegel für unser Inneres. Wir fühlen uns infolgedessen erleichtert, wenn wir allein und weg von unserem Partner sind. Solange wir unseren Partner für diesen inneren Schmerz verantwortlich machen, uns diesem Gefühl in uns nicht widmen und es folglich auch nicht lösen, werden wir immer wieder Distanz zu unserem Partner aufbauen und uns in die Einsamkeit zurückziehen. Das Prinzip der Schmerzvermeidung ist eine tief in unserem Gehirn verankerte Strategie, auf die jeder von uns unbewusst zurückgreift, der nicht innehält und sich die Fragen stellt: Moment mal, dieses Gefühl begleitet mich nun schon mein ganzes Leben durch mehrere Partnerschaften hindurch. Wieso habe ich das immer noch in mir und wie kann ich es lösen, um mich in meiner Partnerschaft glücklicher und freier zu fühlen?

Beispiel

> Jakob hat schon immer den Drang nach Einsamkeit verspürt, auch in seinen Beziehungen. Egal, was in seinem Leben passierte und mit wem er zusammen war: Ein tief in ihm liegendes Gefühl, allein sein zu müssen, war seit jeher sein Grundgefühl und führte zu Trennungen, oft bereits nach wenigen Monaten. Seit zwei Jahren führt er eine sehr vielversprechende Beziehung mit einer wunderbaren Frau und dennoch meldet sich wieder regelmäßig sein Drang nach Einsamkeit. Dieser Drang scheint auch dieses Mal in der Lage zu sein, seine Beziehung zu zerstören, da er sich in Gegenwart seiner Partnerin Anja seit einiger Zeit so schlecht fühlt, dass er sich selbst kaum aushält und nur noch von Anja genervt ist. Jakob verhält sich seiner Partnerin gegenüber dann kalt und abweisend und behandelt sie sogar respektlos. Er kann nicht anders, obwohl er Anja eigentlich mehr als alles andere liebt und weiß, dass sie ein wunderbarer Mensch ist.

Am Beispiel von Jakob sehen wir, dass sein Drang nach Einsamkeit im Grunde gar nichts mit seinen Beziehungen zu tun hat, sondern Teil seines Inneren ist und ihn schon immer begleitet. Denn er hat dieses Gefühl in jeder seiner Beziehungen und auch zu Zeiten, als er keine Partnerin hatte, verspürt. Er kennt das Gefühl also gut. Jakob muss verstehen lernen und sich tiefer damit auseinandersetzen, dass er durch seine generelle Flucht vor Menschen gleichzeitig auch vermeidet, mit seinem Inneren in Kontakt zu treten.

Immer, wenn die Nähe zu einem anderen Menschen in ihm Unbehagen auslöst, meldet sich sein Drang nach Einsamkeit. Er vermeidet dadurch Schmerz und geht den Gefühlen, die sich in ihm zeigen, aus dem Weg. Jakob setzt sich nicht bewusst und aktiv damit auseinander. Das heißt, er geht nicht offen auf Anja zu, kommuniziert seine Gefühle nicht und kann sein Problem somit auch nicht lösen, weder allein noch zusammen mit Anja. Im Gegenteil: Er projiziert seine inneren Konflikte auf andere Menschen, insbesondere auf seine Partnerin, wodurch seine Beziehung für ihn schwer auszuhalten ist und er nur noch weg möchte. Dadurch, dass sein Inneres für ihn so schwer aushaltbar ist, ist er in der Lage, Anja respektlos zu behandeln, obwohl er sie liebt und sie ihn gut behandelt. Jakobs Drang nach Einsamkeit versucht dann wie ein selbstständiger automatisierter Mechanismus, Anja mit allen Mitteln und Möglichkeiten von sich wegzuschieben.

Durch die Beziehung zu einem anderen Menschen steht Jakob dauerhaft mit seinen inneren Konflikten in Kontakt, ohne sie zu erkennen, geschweige denn, sie zu lösen. Nur das Alleinsein kann ihn durch diesen unbewussten Umgang erst einmal von seinem Inneren entspannen, denn dann muss er sich nicht weiter fühlen oder sich gar mit sich auseinandersetzen. Während Anja Jakob zufolge mit einer lösungsorientierten Einstellung an Herausforderungen herangeht und nützliche Lösungsvorschläge unterbreitet, reagiert er nur abweisend und aggressiv und sieht keine Lösungen für all die Probleme. Jakob ist sich bewusst, dass Anja ein Mensch ist, der sich grundsätzlich glücklich fühlt. Er wiederum hat schon alles probiert, seien es Urlaube, Konsum oder Partnerwechsel, und trotzdem ist er unglücklich. Es geht ihm sogar besonders schlecht, wenn es seiner Partnerin durch ein positives Ereignis noch besser geht. Dann verspürt er regelrechte Aggression in sich.

Dieses Muster ist insgesamt sehr destruktiv, weil sich Jakob durch seine negative Sichtweise auf das Leben unbewusst verbietet, mit Anja glücklich zu sein. Er kann sich gar nicht auf sie einlassen. Wenn er sich dem nicht stellt, wird dieses Muster auch diese Beziehung zerstören.

Bisher greift Jakob auf die unbewusste Strategie seines Gehirns zurück. Denn im Unbewussten will unser Gehirn nur zwei Dinge: Schmerz vermeiden und Glück vermehren. Da Schmerz zu vermeiden einen größeren Anteil ausmacht als Glück zu vermehren, folgt Jakob diesem Drang und sucht nach Einsamkeit.

Jakob sollte sich auch die Frage stellen, warum er sich überhaupt immer wieder auf neue Beziehungen einlässt, obwohl sein Drang nach Einsamkeit so groß ist. Denn dieses Handeln ist letzten Endes widersprüchlich. Sich mit dieser Frage auseinanderzusetzen, kann ihm helfen, mit jenen Sehnsüchten in Kontakt zu treten, die seinem wahren Inneren, der höheren Weisheit in ihm entspringen. Alles, was sich uns vermeintlich als Problem in den Weg stellt, führt uns auch immer dahin, wo wir alte, destruktive Muster finden können. Unsere Probleme zeigen uns den Weg zu unseren unbewussten Mustern, damit wir sie lösen. So werden eine Trennung und tatsächliche Einsamkeit bei Jakob früher oder später wieder die Sehnsucht nach einer Beziehung wecken, damit er dann vielleicht sein destruktives Muster erkennt.

Er muss sich bewusst werden, dass sein Drang nach Einsamkeit seinen inneren Konflikt nicht lösen wird, denn bei ihm sind dadurch bereits mehrere Beziehungen gescheitert, ohne dass sich sein Drang verändert hat. Auch leidet Jakob generell vor jeder Begegnung mit Menschen an Nervosität, seine Verdauung spielt dann immer verrückt. Folglich hat er kaum Bekannte und geht Menschen generell eher aus dem Weg. Somit hat er bereits nach einem Arbeitstag unter Kollegen über sein Maß hinaus mit Menschen zu tun haben müssen, sodass das Zusammensein mit seiner Partnerin einfach zu viel für ihn ist. Hier findet also eine Kettenreaktion statt. Seine Sichtweise auf Menschen ist grundsätzlich negativ und herablassend. Dies hilft ihm auf der einen Seite, seine Distanz zu ihnen zu rechtfertigen, und auf der anderen Seite, Distanz zu seinen inneren Gefühlen zu wahren, damit er dafür keine weitere Verantwortung übernehmen muss.

Das Prinzip der Schmerzvermeidung finden wir sehr häufig in Partnerschaften. Viele Paare trennen sich nicht, weil sie sich nicht mehr lieben, sondern weil das, was in ihnen aufgewirbelt und durch ihren Partner für sie sichtbar wird, plötzlich schwer zu ertragen ist. Kommen wir mit unseren unbewussten destruktiven Gefühlen in Kontakt – das sind alles sehr intensive Prozesse –, fühlen wir uns im ersten Moment erleichtert, nachdem wir uns von unserem Partner getrennt haben. Denn unsere inneren Prozesse rücken ohne unseren Partner, ohne den Spiegel, zurück ins Unbewusste und wir haben das Gefühl, Ruhe vor unserem Partner zu haben. Aber wir täuschen uns. In Wahrheit haben wir nur Ruhe vor unserem Unbewussten. Kommt unser Partner zurück oder finden wir nach einer Trennung einen neuen Partner, sind wir früher oder später wieder unseren unbewussten destruktiven Gefühlen ausgesetzt.

Oft können wir sogar feststellen, dass wir unseren Partner eher lieben, wenn er nicht da ist. Wir beginnen, ihn nach einer gewissen Zeit der Abwesenheit zu vermissen, denken viel an ihn und bauen innerlich Nähe zu ihm auf. Auf der anderen Seite haben wir sofort wieder diese destruktiven Gefühle in uns, sobald unser Partner Teil unserer Gegenwart ist. Wir lehnen ihn dann aus Selbstschutz ab. Deshalb befinden sich viele Paare in einem Wechselspiel aus Nähe und Distanz: dem Wechsel von aufeinander zugehen und sich voneinander wegbewegen und dem Gefühl, sich in der Partnerschaft einsam und nicht verstanden zu fühlen. Aus diesem Grund trennen sich häufig Paare, die zu einem späteren Zeitpunkt wieder zusammenkommen. Das bedeutet im Umkehrschluss: Wir trennen uns von unserem Partner, obwohl wir ihm gegenüber noch Liebe empfinden, auch wenn das Gefühl der Liebe in Phasen einer Krise verschüttet ist.

Manchmal entsteht in uns auch die Vorstellung, unser Partner habe jemand besseren als uns verdient. Auch diese Annahme rechtfertigt in unseren Gedanken die Trennung und er hilft uns, dem Schmerz, den wir unbewusst vermeiden wollen, weiter aus dem Weg gehen zu können. Denn andernfalls müssten wir uns unseren Anteil am Konflikt, unseren eigenen Fehler, eingestehen. Das erzeugt im ersten Moment neue Schmerzen, was wir jedoch unbewusst zu vermeiden versuchen.

Solange Jakob dieses Thema nicht löst und den Rückzug in die Einsamkeit als einzigen Ausweg sieht, wird er sich nicht auf Nähe zu seiner Partnerin einlassen können und sich innerlich noch mehr zurückziehen. Infolgedessen kann er sich Anja gegenüber noch weniger öffnen und er wird sich immer einsamer fühlen. Er sollte sich, gerade da er seine Beziehung als vielversprechend empfindet, unbedingt mit Anja über seine Ängste austauschen, und zwar jedes Mal, wenn dieser Drang nach Einsamkeit in ihm aufkommt. So kann er herausfinden, welche wahren Ängste sich hinter diesem Drang verbergen. Was ist es, das er wirklich fühlt, wenn er nur noch den Ausweg in die Einsamkeit sieht?

Die Projektion seiner eigenen, negativ belasteten Anteile auf Anja passiert in seinem Unterbewussten und wird immer von bestimmten Worten, Taten oder Gesten vonseiten seiner Partnerin ausgelöst. Es braucht beiderseits viel Feingefühl, um herauszufinden, was dieses Bedürfnis in Jakob verstärkt und was es wieder verstummen lässt. Er muss Zugang zu seinem inneren Schmerz, zu seinen unbewussten Ängsten, finden und erkennen, dass das alles in ihm ist und dass es nicht direkt etwas mit Anja zu tun hat. Andernfalls bleiben, wie in Kapitel 22 bereits bildlich besprochen, sein alter Schmerz, seine destruktiven Gefühle und seine Ängste dauerhaft in der gleichen Schublade in seinem Kopf gespeichert, in der sich auch das Bild, das er von Anja hat, befindet. Damit bringt er sie mit all seinen schmerzhaften inneren Anteilen in Verbindung, was ihn in letzter Konsequenz nur zu einer Trennung führen kann. Solange sich seine Partnerin in dieser Schublade befindet, in der er auch seinen Schmerz und all die negativen Aspekte gespeichert hat, ist es für Anja sehr schwer, da wieder herauszukommen.

Viele Beispiele in diesem Buch haben es bereits gezeigt: Die Partnerschaft ist der Auslöser, nicht der Verursacher von Problemen. Die meisten Partnerschaften scheitern nicht daran, dass sich die Partner nicht lieben, sondern dass die Trennung aus dem Trieb der Schmerzvermeidung hervorgeht. Wir sehen, wie stark unser Inneres gefordert wird, wollen wir unserem Partner und uns selbst achtsam begegnen und eine erfüllte Beziehung leben. Wir müssen uns in uns verändern, wenn wir unsere Beziehung wieder in einem Gefühlszustand führen möchten wie zu Beginn, als alles noch problemfrei war.

Kapitel 24: Liebesentzug und die Auswirkungen destruktiver Gefühle

Liebesentzug ist in einer Partnerschaft eine bewusste Handlung, mit der wir unseren Partner bestrafen wollen. Ein solches Bedürfnis der Bestrafung führt uns viele Aspekte, die wir bereits in diesem Buch behandelt haben, wieder vor Augen. Wir fühlen Wut oder Hass, spüren Ablehnung seitens unseres Partners und lehnen ihn in der Konsequenz ebenfalls bewusst ab. Wir fühlen uns ungerecht behandelt und wollen uns für unsere schlechten Gefühle, die in uns sind, an ihm rächen. Diese schlechten Gefühle projizieren wir auf unseren Partner. Das heißt, wir machen ihn dafür verantwortlich und wir versuchen, über Liebesentzug oder andere Arten von Bestrafung in unserem Inneren wieder ein Gleichgewicht und ein befriedigendes Gefühl von Gerechtigkeit herzustellen.

Wollen wir unseren Partner aus Rache mit Liebesentzug bestrafen, sind wir immer sehr weit von unserer eigenen Liebe entfernt. In uns treibt das Rachegefühl stark sein Unwesen, angetrieben von Wut und Hass. Wir bleiben so lange unruhig, bis wir merken, dass wir damit unseren Partner treffen. Erst, wenn er leidet, finden wir eine kurze, befriedigende Ruhe. Ohne Liebe und mit dem Einsatz von Bestrafung wird unsere Beziehung zu einem Machtkampf, in dem wir unserer eigenen Wut und anderen destruktiven Gefühlen einfach freien Raum geben. Damit besitzt unsere Partnerschaft ein sehr hohes Konfliktpotenzial.

Machtkämpfe sind oft bei Menschen ein Thema, die in ihrer Kindheit von ihren Eltern unterdrückt wurden und für ihren eigenen Willen keine Anerkennung erhalten haben. Wurden wir als Kinder oft für unser Verhalten bestraft, führen wir dieses Muster an unserem Partner oder an unseren Kindern fort, wenn wir nicht in der Lage sind, darüber zu reflektieren und unser Verhalten und den Impuls unserer Reaktionen zu hinterfragen. Es gilt das Gleiche wie in allen bereits beschriebenen

Situationen mit unserem Partner: Wir müssen hinterfragen, was in uns vorgeht, anstelle unsere Gefühle, Muster und Probleme einfach unreflektiert an unserem Partner auszulassen.

Wir haben uns in den vorherigen Kapiteln mit destruktiven Gefühlen wie Wut, Hass, Eifersucht und Einsamkeit beschäftigt. Hierbei konnten wir feststellen, dass ausnahmslos alle diese Gefühle unseren Alltag deutlich erschweren. Wir machen unseren Partner für diese Gefühle in uns verantwortlich und belasten damit unsere Beziehung und unser Leben. Sie alle haben ihre Wurzeln tief in unserer Kindheit. Wenn wir ihnen blind und reflexartig folgen, kommt es in unserer Beziehung häufig zu Konflikten und Konfrontationen. Unser Bild von unserem Partner verändert sich, sodass wir regelmäßig schlecht von ihm denken, damit unsere Gefühle und unser Innenleben auf ihn projizieren und gar nicht erkennen können, dass das nur mit uns und nicht mit unserem Partner zu tun hat.

Die alten Muster in unserem Inneren sind sehr stark und kraftvoll. Es fällt uns in solchen Situationen schwer, zu unterscheiden, was wir wirklich für unseren Partner empfinden. Unsere Liebe wird von diesen Mustern getrübt. Wir glauben dann oft, dass wir wegen unseres Partners genervt sind und dass er Schuld an unserem schlechten Befinden hat. Wir lehnen ihn dann bewusst und unbewusst ab. Doch das ist falsch. Es sind nur die Muster in uns, die uns von unserer Liebe zu unserem Partner trennen. Das kann sogar so weit gehen, dass wir unser negatives Inneres komplett mit unserem Partner in Verbindung bringen, obwohl es unserem Inneren und unserer eigenen Geschichte entspringt und somit schon vor unserer Beziehung ein Teil von uns war.

Das Problem dabei ist, dass wir unseren Partner dann durch diese Brille unserer eigenen Negativität sehen und wir deswegen ein negatives Bild von ihm in unserem Kopf erschaffen. Wir sind nicht mehr gern mit ihm zusammen und können gemeinsame Zeit nicht mehr genießen. Das lässt sich erst rückgängig machen, wenn wir uns bewusst machen, dass wir das überhaupt tun. Unser Gehirn lässt uns nämlich glauben, dass unser Partner unseren negativen Vorstellungen entspricht. Vergleichen wir das, was wir mit unserem Partner erleben und fühlen, mit dem, was wir ohne ihn tun, empfinden wir unser Leben ohne unseren Partner im Zustand dieser negativen Projektionen als viel besser. Dadurch sind wir nicht mehr in der Lage zu erkennen, wie er wirklich ist und wie wir ihn gesehen haben, als wir uns unserer Liebe für ihn noch bewusst waren.

Problematisch wird es, wenn wir deshalb unsere Liebe für unseren Partner vielleicht nicht mehr fühlen können, obwohl wir ihn in Wirklichkeit lieben. Hier ist es sehr wichtig, uns vor Augen zu führen, dass wir unseren Partner sehr wohl noch lieben, dass wir aus Liebe mit ihm zusammengekommen sind und dass diese Liebe die Basis unserer Beziehung darstellt. Das Band der Liebe bleibt sogar dann bestehen, wenn wir sie in Konflikten und Krisensituationen für kurze, aber auch für längere Zeit nicht fühlen können.

Das Band der Liebe bleibt oft auch eine gewisse Zeit nach einer Trennung bestehen. Viele glauben fälschlicherweise, dass sie ihren Partner nicht mehr lieben, wenn sie die Liebe für ihn nicht wahrnehmen können oder ihm gegenüber etwas Negatives empfinden. Oft beweist aber die Tatsache, dass wir nach einer Trennung schwer von unserem Partner loskommen, das genaue Gegenteil. So trennen sich viele Paare in dem falschen Glauben, sich nicht mehr zu lieben, und das nur, weil sie die Liebe wegen ihrer inneren Prozesse in dieser Phase ihrer Beziehung nicht fühlen können. Aus diesem Grund kommen sie zu einem späteren Zeitpunkt doch wieder zusammen.

Es gilt also unbedingt, sich den Mustern zu widmen, die sich in unseren Konflikten und in unserem Inneren zeigen. Sie erfüllen nur einen Zweck: dass wir sie endlich erkennen und lösen und dass wir unsere Beziehung frei von ihnen glücklich gestalten. Unsere Beziehung ist dafür da, dass wir unserem Inneren begegnen und all die Dinge hinter uns lassen, die für uns nicht mehr förderlich sind. Sie kann uns zum stärksten persönlichen Wachstum verhelfen, wenn wir in der Lage sind, unserem Partner immer bewusster zu begegnen. Dies erfordert, dass wir an unserem Bewusstsein, an unserer Einstellung uns selbst und unserem Leben gegenüber und schließlich anderen Menschen gegenüber arbeiten.

Für den Anfang einer solchen Bewusstseinsarbeit empfiehlt es sich, dass wir uns vielleicht einfach nur mit Meditation beschäftigen und dass wir uns mithilfe von geführten Meditationen selbst bewusster werden. Dadurch kann es uns wieder gelingen, uns selbst zu fühlen und unsere inneren Konflikte, unsere Trauer, unseren Schmerz und unsere Wut allein im Stillen zu erkennen. Bereits dieser Entwicklungsschritt ist sehr kraftvoll, weil wir dann aufhören, unseren Partner für unser schlechtes Gefühl verantwortlich zu machen – besonders dann, wenn Distanz und Disharmonien ein Dauerzustand in unserer Beziehung geworden sind. Wenn wir etwa bei der Begegnung mit unserem Partner unser Herz und unsere Freude nicht mehr fühlen und die Stimmung schlecht wird, könnte das ein Hinweis sein, dass wir mit einer Meditation nach innen gehen und unsere Trauer, Wut oder Unausgeglichenheit einfach einmal für uns selbst fühlen sollten. Dadurch kann es uns gelingen, das Kostbare – unsere Beziehung und unsere Liebe zu einem anderen Menschen – von all dem Destruktiven unberührt zu lassen. Wir können auch mithilfe eines Beraters oder einer anderen begleitenden Person versuchen, unseren destruktiven inneren Gefühlen zu begegnen und diese nach und nach aufarbeiten.

Nachdem wir uns nun mehrere Kapitel lang ausführlich mit den Ursprüngen und Auswirkungen von destruktiven Gefühlen auf unsere Beziehung beschäftigt und Auswege aus solchen Situationen kennengelernt haben, wenden wir das Blatt und gehen in den nächsten Kapiteln auf die positiven Gefühle und Aspekte einer Partnerschaft ein. Wir schauen uns an, wieso wir ihnen den Weg versperren und wie wir sie verstärken können. Sie sind das Rückgrat einer gesunden Beziehung.

Kapitel 25: Liebe ist kein Zufall

Wir konnten im bisherigen Verlauf dieses Buches sehen, welche destruktiven Gefühle, Gedanken, Verhaltensmuster, Gewohnheiten und unbewussten Aspekte aus unserem Inneren sich zwischen uns und unsere Liebe zu unserem Partner schieben können. Es ist nicht unsere Liebe, die schwindet, sondern etwas ganz anderes tritt schleichend an ihre Stelle. Wo vorher noch die Liebe für unseren Partner war, zeigen sich unsere Muster und wir verlieren lediglich den Zugang zu unserem Gefühl der Liebe. Die Liebe bleibt jedoch immer ein Teil von uns.

Dieser Prozess findet in der Regel bei beiden Partnern statt, nachdem die anfängliche Phase der Verliebtheit verblasst und der Alltag einkehrt. Der Begriff „Alltag" drückt nichts anderes aus, als dass unsere Muster in den Vordergrund rücken, dass die Liebe in den Hintergrund tritt und dass wir unseren Partner mehr und mehr als selbstverständlich betrachten. Dann laufen wir Gefahr, an ihm unsere Launen auszulassen, anstelle ihn weiterhin als ein kostbares Geschenk zu betrachten – wie wir das am Anfang getan haben, als wir uns darüber freuten, mit diesem Menschen zusammen eine Beziehung zu beginnen. Wir hören also nicht auf, etwas für unseren Partner zu empfinden, und unsere Liebe verschwindet auch nicht einfach so, wenn wir einmal tiefe Liebe für ihn empfunden haben. Vielmehr wird unsere Liebe durch unsere destruktiven Gefühle stark getrübt oder gar komplett in den Hintergrund verdrängt.

Das passiert, weil wir nie gelernt haben zu erkennen, wann wir unseren Partner für unsere inneren, unbewussten Aspekte verantwortlich machen. Wir erkennen nicht, dass wir unsere unbewussten Aspekte lediglich auf ihn projizieren und damit keine Verantwortung mehr für sie übernehmen. Infolgedessen verharren wir nur noch in der unbewussten Projektion. Genauso haben wir es in unserer Kindheit von unserem Umfeld gelernt. Wir werfen all unsere Gefühle und Projektionen in einen Topf. Wir glauben, dass unsere Gefühle, die unsere Beziehung nähren und bestärken, und unsere Projektionen, die unsere Beziehung zerstören, das Gleiche sind und den gleichen Ursprung in uns haben.

Doch diese Annahme ist grundlegend falsch. Aus dieser falschen Annahme heraus glauben wir, dass all diese Prozesse, die sich in uns selbst abspielen, mit unserem Partner zu tun haben und er für sie verantwortlich ist, sowohl im Positiven als auch im Negativen. Wir bauen damit eine große Distanz zu unserem Gefühl von Liebe in uns auf. Wir machen unseren Partner für zwei Dinge verantwortlich: dass wir Liebe fühlen und dass die Liebe nachlässt. Nur wegen unserer Distanz zu dem Gefühl der Liebe fällt es uns leicht, mit unserem Partner zu streiten und ihn zu verletzen oder in schwierigen Situationen sogar Ausschau nach einem neuen Partner zu halten, der in uns wieder die positiven Gefühle aktivieren soll. Wir werden im Laufe unserer Beziehung sprichwörtlich blind für die Liebe, obwohl unser Partner doch das ist, was uns ursprünglich das Liebste war, was uns passieren konnte, und dass Liebe das Grundlegendste ist, was uns und unseren Partner zusammenhält. Es ist paradox, dass wir in Wahrheit tief in uns Liebe für unseren Partner empfinden und diese gänzlich ausgrenzen und sie nicht fühlen können, nur um unser inneres Leid weiter am Leben zu halten und zu befeuern. Würden wir nicht vergessen, dass wir unseren Partner lieben, wären die meisten Konflikte gar nicht erst entstanden.

Unsere falsche Vorstellung von Liebe, ja, unsere Unkenntnis von Liebe hält uns in unseren destruktiven Mustern gefangen, ohne dass wir beginnen, diese Muster mitsamt unserer Projektionen zu hinterfragen. Da wir meist glauben, dass die Liebe uns wie aus heiterem Himmel überkommt, und dass eine liebevolle Beziehung nur auf Glück zurückzuführen ist, glauben wir auch, dass uns diese Liebe zu einem späteren Zeitpunkt wieder verlassen kann. In diesem Glauben kommen wir gar nicht erst auf die Idee, uns mit unseren eigenen Gefühlen für unseren Partner genauer auseinanderzusetzen, wenn sie sich im Laufe der Zeit verändern. Auch verwechseln wir oft Verliebtheit mit Liebe und glauben, dass unsere Beziehung nach der Verliebtheit von allein gut wird oder nicht.

Doch auch diese Annahme ist falsch. Sie zeigt uns, dass wir über liebevolle und erfüllte Beziehungen oft nur sehr wenig wissen, obwohl wir uns alle danach sehnen. Unsere Beziehung wird damit eher von den Umständen des Alltags in eine bestimmte Richtung gelenkt, als dass wir ihr bewusst aus unserem Herzen heraus eine Richtung geben. Denn eine liebevolle und erfüllte Beziehung müssen wir zusammen mit unserem Partner erschaffen. Wir müssen ihr eine Richtung geben und wir sind es, die ihr Zuwendung schenken müssen wie einem Lebewesen, das Aufmerksamkeit braucht, um sich gut zu entwickeln. Deswegen ist Liebe entgegen der allgemeinen Annahme kein Zufall.

Wir können wohl nie ganz vermeiden, dass unsere unbewussten Muster in unserer Beziehung keine Rolle mehr spielen. Unsere Beziehung bringt sie so schnell und so intensiv wie nichts anderes in dieser Welt an die Oberfläche. Beziehungen sind die spirituellste Erfahrung, die wir machen können. Wir können uns durch und mit unserer Beziehung am schnellsten entwickeln. Unsere Beziehung kann uns dabei helfen, uns unsere inneren und unbewussten Muster, die uns auf allen Ebenen einschränken, bewusst zu machen. So können wir wieder vollständiger, ganzheitlicher und heiler werden und diese unbewussten Muster überwinden: vorausgesetzt, wir übernehmen für unsere inneren Prozesse die volle Verantwortung.

Um unsere Beziehung trotz dieser Herausforderungen, die in solch einem Wachstumsprozess nicht ausbleiben werden, auf diese Ebene zu bringen, müssen wir sie pflegen, sie lieben und beschützen. Wenn wir unsere Beziehung lieben, öffnen wir auch wieder den Zugang zur Liebe in uns. Das ist das, wonach wir uns alle am meisten sehnen. Es sind nicht unser Partner oder unsere Beziehung, die das Gefühl von Liebe in uns hervorrufen, sondern es sind wir selbst: je nachdem, ob wir uns unserem Partner öffnen und uns auf ihn einlassen oder ob wir uns verschließen.

Es sind nur wir selbst, die unsere Beziehung wertschätzen oder sie als selbstverständlich betrachten und damit bis zu einem gewissen Grad entbehrlich machen. Deshalb ist es unsere Aufgabe, unsere Beziehung zu pflegen wie eine zarte Pflanze und sie zum Blühen zu bringen: jeden Tag aufs Neue. Es ist unsere Aufgabe, den Kontakt zu unserer Liebe zu halten. Denn es ist nicht unser Partner, der dieses Gefühl in uns erschaffen hat, sondern es sind wir selbst. Und wir selbst sind es, die dieses Gefühl weiter beleben müssen, wenn wir dauerhaft tiefe Liebe zu uns selbst und zu unserem Partner, aber auch unserem Leben gegenüber spüren möchten.

Dies bedeutet für unsere Beziehung, dass wir bewusst mit unserem Partner gemeinsame Zeiten einrichten müssen, die uns immer wieder aufs Neue in den Kontakt zur Liebe und zu unserem Partner bringen. Andernfalls geht die Liebe in unserem Alltag unter und unser Partner wird für uns weniger wichtig. Wie eine Beziehung das Mittel ist, das uns am stärksten zu unseren unbewussten Mustern führt, so ist auch unsere Beziehung das mächtigste Werkzeug, zu ebendieser Liebe in uns zu finden.

Kapitel 26: Unseren Partner wieder kennenlernen

Um eine liebevolle und erfüllte Partnerschaft aufzubauen, müssen wir unserem Partner zu jeder Zeit so viel Verständnis und Respekt entgegenbringen, wie wir es zu Beginn unserer Beziehung getan haben. Wir müssen darauf achtgeben, dass es unserem Partner an unserer Seite gut geht und er seine Zeit gerne mit uns verbringt. Das ist eine bewusste Entscheidung, die wir treffen müssen, wenn wir eine liebevolle und erfüllte Beziehung führen möchten.

In den meisten Beziehungen passiert jedoch bereits nach sehr kurzer Zeit etwas ganz anderes: Nachdem wir unseren Partner kennengelernt haben, meinen wir zu wissen, wer er ist und was ihn ausmacht. Wir nehmen fälschlicherweise an, ihn wirklich zu kennen, nur weil wir bereits eine gewisse Zeit mit ihm verbracht haben. Das führt auf der einen Seite dazu, dass unser Interesse, ihm gegenüber neugierig zu bleiben und ihn noch besser kennenlernen zu wollen, stark nachlässt oder sogar ganz verschwindet. Auf der anderen Seite beginnen wir gleichzeitig und wie selbstverständlich, unserem Partner Vorgaben zu machen und über ihn zu bestimmen. Mit diesem Verhalten engen wir ihn ein. Plötzlich sind wir es, die Entscheidungen für ihn treffen, statt dass er seine Entscheidungen weiterhin selbst trifft. Damit können wir an seinen Entscheidungen nicht mehr beobachten, was für ein Mensch er eigentlich ist und was ihn ausmacht. Wir meinen stattdessen zu wissen, was für ihn besser oder schlechter ist, und wir richten unseren Fokus zu stark auf ihn.

Gleichzeitig verlieren wir den Blick für uns selbst. Wir merken nicht, dass jedes Mal, wenn wir unseren Fokus weg von uns und hin zu unserem Partner lenken, etwas in uns passiert und sich etwas in uns verändert. Auf das, was sich verändert, sollten wir unsere eigentliche Aufmerksamkeit lenken. Uns entgeht, dass es unsere Angst ist, die uns dazu verleitet, Entscheidungen für unseren Partner zu treffen. Es ist unsere Angst, unseren Partner zu verlieren. Die Entscheidungen, die wir für unseren Partner treffen, dienen somit lediglich dazu, uns das Gefühl von Sicherheit zu geben und das Gefühl von Angst zu vermeiden. Diese vermeintliche Sicherheit engt nicht nur unseren Partner, sondern auch uns selbst ein. Wir bauen uns ein Gefängnis, in dem wir beide unsere Individualität immer weniger ausleben können.

Unsere Angst verändert uns, unseren Partner und unsere Beziehung dramatisch. Sie macht uns anhänglich. Anhängliches Verhalten setzt uns in den Augen unseres Partners massiv in unserem Wert herab. Für ihn werden wir selbstverständlich. Unser auf Angst basierendes Handeln lässt uns vergessen, dass es unserem Partner an unserer Seite vielleicht nicht mehr so gut geht wie zu Beginn, als er sich freiwillig auf uns eingelassen und gerne seine Zeit mit uns geteilt hat. Weil wir bewusst oder unbewusst von unserer Verlustangst anstelle von Liebe geleitet werden, hören wir auf, unseren Partner zu sehen, ihn zu verstehen und mehr darüber erfahren zu wollen, was ihn in seinem Kern, in seiner inneren Tiefe und außerhalb dessen ausmacht, was wir bereits von ihm kennen. Dadurch wird er sich an unserer Seite nicht länger gesehen und verstanden fühlen. Er wird auch fühlen, dass es nicht länger um ihn als Menschen geht.

Wir müssen also ganz entgegengesetzt viel stärker bei uns selbst bleiben. Wir müssen wieder lernen zu fühlen, was in uns passiert und wann welche Veränderungen in uns eintreten. Nur dann können wir unsere eigenen Reaktionen, unser Verhalten und unser Handeln besser verstehen. Je mehr wir uns verstehen, desto besser verstehen wir auch unseren Partner und jeden anderen Menschen: desto freier können wir uns geben und diese Freiheit auch unserem Partner einräumen. Diese Freiheit hilft uns, wach zu bleiben und weiterhin das Innere unseres Partners kennenzulernen. Denn mit jeder neuen Erfahrung verändern wir uns. Das gilt sowohl für uns als auch für unseren Partner. Es ist wichtig, uns selbst und ihm gegenüber genauso neugierig zu bleiben wie zu Beginn unserer Beziehung. Nur so können wir, unser Partner und unsere

Beziehung wachsen. Unsere Neugierde schafft Raum für inneres Wachstum.

Wie können wir wissen, dass wir unseren Partner und sein Inneres schon vollständig kennen, wenn wir uns selbst noch nicht in unserer ganzen Tiefe kennen? Genauso, wie wir uns ein Leben lang ergründen können, können wir auch unseren Partner ergründen und versuchen, sein Wesen, das Unsichtbare in ihm, immer besser kennenzulernen. So begegnen wir unserem Partner auf einer ganz neuen Ebene. Wir betrachten ihn dann nicht nur mit unseren Augen und durch die Brille unserer Projektionen, sondern wir sehen ihn mit unserem Herzen.

Unseren Partner immer wieder neu kennenzulernen und das Unsichtbare in ihm ergründen zu wollen, hilft uns, unser Herz wieder viel stärker zu fühlen und mit unserem Herzen verbunden zu sein und verbunden zu bleiben. Auf diese Weise bringen wir aktiv Liebe in unsere Beziehung ein. Denn wie wir bereits in Kapitel 25 gesehen haben, bringen nicht die Beziehung oder unser Partner uns die Liebe, nach der wir uns so sehr sehnen, sondern wir müssen aktiv Liebe in die Beziehung einbringen. Sie ist bereits in uns. Ein Weg diese Liebe aktiv zu beleben und mit unserem Herzen wieder verbunden zu sein, besteht darin, neugierig dafür zu bleiben, was unseren Partner tief in seinem Inneren wirklich ausmacht. Unsere Partnerschaft zeigt uns also auf, wie sehr wir lieben können: ob und wie weit wir imstande sind, Liebe zu leben und Liebe frei von Erwartungen zu geben.

Eine kleine meditative Gedankenübung kann uns helfen, besser mit unseren inneren Prozessen wie der Verlustangst umzugehen. Es empfiehlt sich, sie immer dann zu machen, wenn wir feststellen, dass sich in uns etwas verändert beziehungsweise wenn unser Handeln unserem Partner gegenüber von diesem veränderten Zustand in uns und nicht von Liebe geleitet wird. Wir können diese Übung also immer machen, wenn wir uns unwohl fühlen. Das gilt sowohl in Gegenwart unseres Partners als auch in Gegenwart anderer Menschen. Die Übung hilft uns, uns selbst immer stärker anzunehmen und zu lernen, dass wir so, wie wir jetzt gerade sind, vollkommen in Ordnung sind.

Übung

Beobachte deinen Atem und lenke deine Aufmerksamkeit auf deinen Bauch. Spüre deinen Bauch sowohl beim Einatmen als auch beim Ausatmen. Spüre deinen Bauch ein paar Atemzüge lang, bevor du im Stillen zu dir selbst sagst: „Ich fühle mich genauso, wie ich mich gerade fühle. Es ist vollkommen in Ordnung, mich so zu fühlen. Da, wo ich jetzt bin, bin ich genau richtig. Und alle Umstände, die mich hierher geführt haben, sind gut, so wie sie jetzt sind. Nur hier kann ich lernen, mich so anzunehmen, wie ich gerade bin. So, wie ich bin, bin ich genau richtig." Lenke deine Aufmerksamkeit weiterhin auf deinen Atem und spüre deinen Bauch. Beende diese Übung mit einem inneren Lächeln für dich selbst.

Kapitel 27: Geben und Nehmen

Wenn unsere Handlungen beispielsweise von Angst und nicht von Liebe geleitet werden, wie wir das in Kapitel 26 sehen konnten, setzt sich nicht nur unser Wert in den Augen unseres Partners herab. Auch unser Verhältnis von Geben und Nehmen ändert sich sehr stark. Zu Beginn einer Partnerschaft geben wir oft gerne und viel: unsere Liebe, unsere Aufmerksamkeit, unsere Zeit, intime Momente oder intensive Gespräche. Doch sobald unsere Partnerschaft fester und sicherer wird, treten unsere unbewussten Muster in den Vordergrund, wie wir bereits gesehen haben. Wir beginnen dann oft damit, unserem Partner immer weniger Liebe zu geben und paradoxerweise gleichzeitig immer mehr Liebe und Aufmerksamkeit von ihm einzufordern.

Das hat zur Folge, dass wir uns innerlich vor uns selbst und vor unserer eigenen Liebe verschließen. Wir trennen also das Wertvollste, unsere Liebe, in uns ab und fordern diese dann von unserem Partner ein. Gleichzeitig verlieren wir das echte Interesse an unserem Partner, weil wir uns immer mehr auf das Nehmen konzentrieren. Wir sind dann mit unseren unbewussten Mustern, unserem inneren Mangel und unseren ungestillten Bedürfnissen beschäftigt und werden uns aufgrund dieser Muster immer benachteiligt fühlen. Diese Muster nehmen unsere Aufmerksamkeit und unseren inneren Raum immer weiter ein und wir möchten, dass unser Partner unsere Bedürfnisse befriedigt. Wir suchen seine Nähe jedoch nicht länger wegen ihm als Menschen.

Und nicht nur das: Wenn unser Handeln von unseren unbewussten Mustern wie zum Beispiel Verlustangst geleitet wird, bei der wir unserem Partner Vorgaben machen, ihn einengen und er machen soll, was wir wollen, begegnen wir ihm destruktiv. Wir wollen Liebe, Aufmerksamkeit, Sicherheit oder Fürsorge von ihm bekommen, ohne ihm diese Dinge in gleichem Maße zurückzugeben. Gleichzeitig erwarten wir immer noch, dass er uns mit seiner Liebe versorgt. Sind wir selbst wirklich bereit, unserem Partner bedingungslos das zu geben, was wir von ihm einfordern?

Da wir in unserer Kindheit von unseren Eltern oft nur unter bestimmten Bedingungen Liebe und Anerkennung bekommen haben, führen wir dieses paradoxe Muster als Erwachsene unbemerkt fort. Wir geben unserem Partner unsere Liebe nicht freiwillig, sondern nur, weil wir im Gegenzug von ihm erwarten, auch Liebe oder Zuwendung zu bekommen. Wenn wir von unserem Partner ein bestimmtes Verhalten erwarten, wie es unsere Eltern von uns erwartet haben, verwechseln wir das mit Liebe. Wenn unser Partner genau das tut, was wir wollen, deuten wir das als Zuwendung. Erst dann sind wir bereit, ihm im Gegenzug auch unsere Liebe und Zuwendung zu geben. Umgekehrt glauben wir auch, dass unser Partner uns nicht liebt, wenn er nicht tut, was wir wollen. Wir deuten seine Handlungen für sich selbst somit falsch. Wir glauben, dass sein „Ja" zu sich ein „Nein" zu uns bedeutet. Wir nehmen also unbewusst an, dass seine Handlungen für sich selbst gegen uns gerichtet sind und entziehen ihm daraufhin unsere Liebe und Zuwendung.

Damit setzen wir unsere Beziehung und unseren Partner enorm unter Druck. Die Auswirkungen konnten wir bereits in Kapitel 15, „Wut aufgrund von Kompromissen", beobachten. Dieser Druck zieht sich durch unsere gesamte Beziehung und wir müssen ihn erst langsam wieder lösen. Das können wir dadurch tun, indem wir wieder beginnen, uns zu öffnen und unserem Partner unsere Liebe zu geben, ohne im Gegenzug etwas von ihm zu wollen oder zu verlangen. Erst das Geben von Liebe schafft die Voraussetzung, dass sich unser Partner auch uns gegenüber wieder öffnet und uns von allein seine Liebe und Aufmerksamkeit gibt. Gibt uns unser Partner seine Liebe von allein und freiwillig zurück, ist diese immer viel wertvoller, als würde er nur auf unser Fordern von Liebe oder Zuwendung reagieren. Wollen wir im Fluss der Liebe bleiben und Liebe in uns fühlen, müssen wir sie anderen Menschen geben. Dies können wir jederzeit tun, denn sie ist in uns. Liebevolle Beziehungen erschaffen wir also auch, indem wir unserem

Partner wieder Liebe geben, die vollkommen losgelöst und frei von Bedingungen ist.

Besonders bei Paaren, die bereits mehrere Jahre zusammen sind, bei denen sich Geben und Nehmen nicht mehr im Gleichgewicht befinden und bei denen das Geben nicht mehr aus freien Stücken stattfindet, ist dies ein längerer Prozess. Beide Partner müssen erst wieder lernen, sich für den Prozess des Gebens zu öffnen, um feststellen zu können, dass ein anderer Umgang miteinander möglich ist. Das braucht Zeit. Es verlangt ein Umdenken auf beiden Seiten. Aber auch Ausdauer und Vertrauen sind in den Phasen wichtig, in denen beide wieder in die alten Muster des bedingten Gebens oder Einforderns von Liebe rutschen.

Stellen wir uns nur einmal vor, wie wunderbar eine Partnerschaft aussähe, wenn sich beide Partner auf das Geben konzentrieren würden. Beide Partner könnten regelrecht aufblühen. Indem wir unserem Partner gerne etwas geben, uns gerne um ihn kümmern und für ihn da sind, wenn er uns braucht, zeigen wir ihm, dass wir aufrichtig an seinem Wohlergehen interessiert sind. Indem wir wieder vollkommen frei von Erwartungen geben, können wir unsere Liebe unserem Partner gegenüber wahrhaftig ausdrücken.

Mit der folgenden Übung können wir uns leichter von unseren unbewussten Mustern und ungestillten Bedürfnissen lösen. Sie hilft uns, weniger von unserem unbewussten Mangel oder von inneren Ängsten geleitet zu werden. Sie trägt auch dazu bei, ein Verständnis für die Bedürfnisse unseres Partners zu entwickeln und ihm liebevoll zu begegnen. Dank der Übung können wir leichter erkennen, dass unsere Forderungen zwar uns, nicht jedoch unserem Partner oder unserer Partnerschaft dienen. Die Übung unterstützt uns auch darin, die destruktive Kraft unserer Forderungen zu erkennen und sie für den Moment weniger wichtig zu nehmen.

Übung

Jedes Mal, wenn du dich fragst, warum du von deinem Partner nicht dieses oder jenes bekommst, drehe die Frage um und frage dich: „Was kann ich jetzt für meinen Partner tun? Was ist es, das er gerade am meisten braucht?"

Kapitel 28: Der Mut, zu lieben

Wie wir bereits mehrfach sehen konnten, befinden wir uns in einer Beziehung gleichzeitig auch immer auf einer intensiven Reise zu uns selbst. In uns kommen unerwartet unangenehme Aspekte zum Vorschein, die wir sonst nicht fühlen können oder nicht fühlen wollen und die wir ohne unsere Beziehung viel leichter umgehen oder unterdrücken können. Deshalb bedarf es tatsächlich Mut, um uns auf einen anderen Menschen und auf eine aufrichtige Beziehung einzulassen. Es braucht auch Mut, uns für die Liebe in uns zu öffnen. Nur, wenn wir uns öffnen, offenbaren sich uns unsere schmerzhaftesten Aspekte. Wir werden verletzbar. Unser Partner und nahestehende Menschen werden unsere schmerzhaften Aspekte im Laufe unserer Beziehung oder unserer Begegnungen immer wieder bewusst oder unbewusst berühren. Das können wir weder umgehen noch vermeiden. Es bedarf Mut, hier von Schuldzuweisungen abzusehen und uns stattdessen mit diesen schmerzhaften Aspekten und den damit einhergehenden, oft schwer auszuhaltenden Gefühlen auseinanderzusetzen.

Machen wir uns dies bewusst, können wir feststellen, dass diese Aspekte etwas mit uns selbst zu tun haben. Sie sind bereits in uns. Erst, wenn wir uns dessen bewusst werden, können wir sie als Teil von uns erkennen und wieder annehmen. Das ist der Raum, in dem eine innere Ganzwerdung geschieht, und das ist auch der Moment, an dem wir uns unserem Partner gegenüber wieder öffnen. Wenn wir uns öffnen, fließt auch wieder unsere Liebe.

Eine liebevolle Beziehung zu unserem Partner können wir dadurch aufbauen, indem wir sehr behutsam mit den Themen umgehen, die sich im Laufe der Zeit zeigen. Jede Berührung eines solchen schmerzhaften Aspekts in uns wird uns immer wieder innerlich verschließen und uns folglich blind entsprechend unserer unbewussten Muster reagieren lassen. Die Muster helfen uns, dem Aspekt, der berührt wurde und sich ganz und gar nicht gut anfühlt, nicht weiter in seiner Tiefe begegnen zu müssen. Das war Teil unserer bisherigen Überlebensstrategie. Wenn unser Partner einen solchen Aspekt in uns berührt, ziehen wir uns vor ihm zurück. Wir glauben dann, dass er uns verletzt, und dass er es ist, der diese Gefühle in uns verursacht und uns unglücklich macht. Wir verschließen uns daraufhin vor ihm und damit auch vor uns selbst und unserer Liebe.

Dabei sind dieser Schmerz und die Verletzung, die wir berühren, bereits in uns. Es gibt Anteile in uns, die uns immer unglücklich machen und die das bereits vor unserer Partnerschaft getan haben. All das wird allerdings durch unseren Partner – und nur durch ihn! – sichtbar. Er ist uns also eine große Hilfe, genau das in uns erkennen zu können. Wir neigen allerdings dazu, dass wir unseren Partner für genau diese Gefühle und Reaktionen in uns verantwortlich machen. Unser Bild von ihm verschlechtert sich im Laufe der Zeit und wir landen bei der unbewussten Projektion. Alle destruktiven Gefühle unserem Partner gegenüber entspringen unserer Projektion: so, wie wir das bereits an vielen Beispielen in diesem Buch gesehen haben. Verschließen wir uns vor unseren destruktiven Gefühlen, verschließen wir gleichzeitig auch immer unser Herz und wir fühlen immer weniger unsere Liebe. Wir werden hart.

Viele Trennungen finden an diesem Punkt statt. Das betrifft Menschen, die sich noch nicht mit Bewusstseinsentwicklung beschäftigen, aber vor allem auch Menschen, die genau das bereits tun. Gerade durch Bewusstseinsarbeit kommen so tiefe, so stark abgespaltene, so stark entfremdete Anteile von uns zum Vorschein, die wir überhaupt nicht mehr als etwas Eigenes erkennen. Es ist dann leicht zu glauben, dass wir unseren Partner nicht länger lieben, nur weil wir durch solch einen Anteil keine Liebe fühlen können und stattdessen beispielsweise nur noch Wut auf unseren Partner empfinden. Sehr viel schwerer ist es jedoch, uns einzugestehen, dass unsere inneren Prozesse wegen uns selbst enorm sind, weil sie in uns stattfinden und mit uns zu tun haben, wenn wir Wut auf unseren Partner empfinden. An diesem Punkt ist es viel schwerer, uns wieder zu öffnen, von neuem auf unseren Partner zuzugehen und unsere Liebe wieder zum Fließen zu bringen. Das ist ein wahrer Wachstumsprozess. Es bedarf Mut, dass wir und unser Partner, wir beide für uns, aber auch für den anderen, uns auf solch einen Prozess wirklich einlassen.

Die wichtigste Komponente in unserer Beziehung ist also nicht unser Partner, sondern wir selbst. Wenn wir bereits öfter den Partner gewechselt haben, werden wir vielleicht irgendwann feststellen, dass wir zwar erfolgreich darin waren, immer wieder einen neuen Partner zu finden und eine neue und ähnliche Beziehung zu führen. Die wichtigste Komponente, uns selbst, haben wir jedoch immer wieder vernachlässigt. Hätten wir das nicht getan, wäre es uns vielleicht möglich gewesen, unser dauerhaftes Glück bereits in einer früheren Beziehung zu finden. Wir haben versucht, durch neue Beziehungen etwas zu ändern, doch die Veränderung fand nur im Außen statt. In uns ist jedoch alles gleich geblieben und deswegen sind wir im Laufe der Zeit in unseren neuen Beziehungen den gleichen Problemen wie in den vorherigen begegnet. Dieser Punkt zeigt uns am deutlichsten, dass wir immer in unserem Inneren etwas verändern müssen, nicht im Außen. Erst, wenn wir unseren Partner nicht länger für unsere Gefühle verantwortlich machen (und hier sprechen wir von allen Gefühlen, nicht nur von den destruktiven), können wir wirklich lieben.

Übung

> Jedes Mal, wenn du wütend auf deinen Partner bist und schlecht von ihm denkst, dann weite deine Gedanken und frage dich: „Was mag ich an meinem Partner, obwohl ich gerade wütend auf ihn bin? Was wertschätze ich an ihm und wofür bin ich ihm dankbar, auch wenn ich in diesem Moment schlecht von ihm denke?"

Diese Übung hilft uns, unseren Partner nicht nur einseitig und getrübt von unseren destruktiven Gefühlen zu sehen. Wir versteifen uns weniger in unseren destruktiven Überzeugungen und wir halten gleichzeitig das Fenster der Liebe offen. Selbst bei negativen Gedanken an unseren Partner sowie destruktiven Gefühlen, die sich gegen ihn richten, verlieren wir die Liebe für ihn nie ganz aus den Augen, weil wir auch den Fokus auf seine positiven Aspekte richten. Wir betrachten ihn trotz Wut dann immer noch mit Wertschätzung.

Diese Übung hilft uns nicht nur dann, wenn wir wütend auf unseren Partner sind, sondern wir können sie bei allen destruktiven Gefühlen anwenden. Bereits dadurch handeln wir ihm gegenüber liebevoller und sanftmütiger. Destruktive Gedankenschleifen in uns lösen sich schneller wieder auf. Wenn wir uns in schwierigen, konfliktreichen Momenten darauf besinnen, was wir an unserem Partner lieben, sind Konflikte leichter und schneller lösbar. Diese Form der Wertschätzung ist sehr kraftvoll. Sie verändert die unbewusste Kommunikation zwischen uns und unserem Partner, weil unsere destruktive Projektion mithilfe dieser Fragen weniger Gewicht hat. Unsere Kommunikation wird respektvoller.

Wenn unser Partner uns so begegnet, fällt es uns leichter, uns ihm gegenüber wieder zu öffnen. Umgekehrt fällt es unserem Partner leichter, sich uns gegenüber wieder zu öffnen. Uns in den schlechtesten Momenten auch darauf zu besinnen, was wir an unserem Partner lieben und was ihn für uns besonders und einzigartig macht, öffnet uns wieder füreinander. Vor allem aber hilft uns das, unser Herz wieder zu öffnen und unsere Liebe wieder zu fühlen.

Kapitel 29: Bewusst kommunizieren

Wir konnten in Kapitel 28 sehen, dass sich unsere Kommunikation mit unserem Partner bereits verändern kann, wenn wir auch in schwierigen Zeiten liebevolle Gedanken ihm gegenüber zulassen und pflegen. Wir müssen das selbst dann tun, wenn wir uns in Konflikt- und Krisensituationen ganz und gar nicht so fühlen und meist nur schlecht von unserem Partner denken. Unsere Gedanken beeinflussen bereits unsere Kommunikation mit ihm. Lassen wir liebevolle Gedanken zu, werden wir anfangs feststellen müssen, dass das gar nicht so leicht ist.

Wir kommen auf diesem Wege stärker mit unseren unbewussten Gedanken, die sich gegen unsere Beziehung richten, in Kontakt. Uns offenbart sich, wie viele destruktive Gedanken und Gefühle wir tatsächlich in unserem Unterbewusstsein tragen, die wir an unserem Partner auslassen. Wir erkennen außerdem immer deutlicher, wie groß unser Beitrag daran ist, Konflikte zu provozieren, immer wieder zu befeuern und am Leben zu halten. Diese Erkenntnisse sind in der Regel sehr schmerzvoll für uns, da wir gerade bei Konflikten oft ein vollkommen anderes Bild von uns selbst haben. Wir glauben dann meist, dass der Grund für Streit bei unserem Partner liegt und dass wir das Recht haben, etwas einzufordern oder uns zu verteidigen. Da unser Partner das Gleiche von uns denkt, bleiben wir in einer vorwurfsvollen Kommunikation gefangen. So fühlen wir beide uns unverstanden. Das ist ein Kreislauf, der Konflikte immer wieder aufflammen lässt.

Wir sollten also lernen, uns selbst dabei zu beobachten, ob wir tatsächlich das äußern, was wir wirklich von unserem Partner wollen. Besonders in Konflikten ist das, was wir wollen, und das, was wir unserem Partner sagen, oft vollkommen entgegengesetzt. Wir gehen sogar davon aus, dass unser Partner weiß, was wir meinen, obwohl wir das nicht einmal klar kommunizieren können. Doch wir sollten immer davon ausgehen, dass wir missverstanden werden können, wenn wir nicht in der Lage sind, klar zu sagen, was wir eigentlich wollen und meinen. Oft wissen wir das nicht einmal selbst, ohne uns dessen bewusst zu sein.

Somit ist es nicht überraschend, dass wir oft aneinander vorbeireden. Hinter Vorwürfen oder Schuldzuweisungen verbergen sich beispielsweise die Bedürfnisse danach, umarmt zu werden, ernst genommen zu werden und mehr Liebe und Aufmerksamkeit zu bekommen. Doch in Konflikten können wir das, was wir in unserem tiefsten inneren Kern wirklich wollen, nicht mehr mitteilen. Wir geben unseren destruktiven Gefühlen stattdessen freien Lauf.

Wir reden also nicht mehr wirklich miteinander und neigen auch oft dazu, eher übereinander zu reden. Ein klassisches Beispiel dafür ist, wenn wir uns gegenüber Freunden, besonders in Krisensituationen, über die Schwächen unseres Partners beschweren oder uns abfällig über ihn äußern. Richtiger wäre es, unseren Partner mit diesen Gedanken zu konfrontieren und gemeinsam eine Lösung zu finden. Wir sollten wieder mit unserem Partner anstelle über ihn reden.

Dafür müssen wir Raum schaffen, denn zu Beginn einer Beziehung reden wir meist sehr viel mit unserem Partner. Wir interessieren uns für ihn und wir teilen unsere Gefühle. Unser Partner weiß, wie es uns geht und womit wir uns innerlich beschäftigen. Durch unsere Gespräche fühlen wir uns leicht, glücklich und frei. Wir fühlen Nähe zu unserem Partner und alles, was wir mit ihm teilen, gibt uns das Gefühl, immer tiefer mit ihm verbunden zu sein. Doch im Laufe der Zeit hören wir auf, miteinander zu reden. Dadurch entwickelt sich in uns das Gefühl, einsam zu sein, nicht verstanden und nicht geliebt zu werden. Schließlich stellen wir unsere Beziehung infrage.

Deshalb müssen wir für Gespräche neuen Raum schaffen, um das Miteinanderreden wieder zu üben: einen Raum, in dem reden und zuhören für uns beide ausgeglichen bleibt. Diesen Raum sollten wir gerade in einem stressigen Alltag zu festen Zeiten einplanen, da dieses

Vorhaben sonst wieder untergeht und wir schnell wieder in der alten Kommunikation landen. Sowohl wir als auch unser Partner sollten in diesem besonderen Raum gleich viel Zeit bekommen, um über Sorgen, Ängste, Gefühle und alles, was uns bedrückt, reden zu können, ohne unterbrochen zu werden. Wir sollten uns auch ebenso viel Zeit nehmen, damit wir und unser Partner darüber reden, was wir an uns und unserer Beziehung lieben und wertschätzen, wie wir unsere Beziehung verbessern können, was unsere Träume und Visionen in Bezug auf unsere Partnerschaft sind und was wir uns von unserer Beziehung wünschen. So beginnen wir, unsere Beziehung aktiv zu gestalten und ihr eine Richtung und einen größeren Sinn zu geben, statt dass unsere Beziehung orientierungslos ihren Lauf nimmt und in den Mühlen der Alltagsverpflichtungen vernachlässigt wird.

Einen solchen Raum benötigen wir besonders dann, wenn wir darin gefangen sind, dass wir unserem Partner regelmäßig unsere Unzufriedenheit und Kritik mitteilen, im Gegenzug aber selten Worte dafür finden, wie sehr wir ihn wertschätzen: welche Momente mit ihm besonders für uns sind, für welche seiner Worte und Handlungen wir dankbar sind und was wir besonders an ihm lieben. Nach einer mehrjährigen Beziehung fällt es vielen von uns sogar leichter, unserem Partner all das an den Kopf zu werfen, was uns an ihm nicht passt. Gleichzeitig fällt es uns schwerer, ihm zu sagen, wie wertvoll er für unser Leben ist. Wie soll unser Partner wissen, dass er wichtig für uns ist, wenn wir ihm das nicht klar mitteilen können?

In einer langen Beziehung ist fast alles Routine und das Einzige, was wir unserem Partner dann mitteilen können, sind die Dinge, die uns an ihm stören und nicht passen und die er in unseren Augen falsch macht. Es ist schwer, sich geliebt zu fühlen, wenn solch eine Kommunikation Alltag geworden ist. Wir brauchen wertschätzende, liebevolle Worte, um daran erinnert zu werden, dass unser Partner gerne mit uns zusammen ist. Ebenso muss unser Partner immer wieder daran erinnert werden, was ihn für uns auszeichnet und was ihn besonders macht. Nur so kann er sich an unserer Seite geliebt und angenommen fühlen. Gerade dann, wenn wir wieder beginnen, wertschätzend und liebevoll mit unserem Partner zu reden, wird unsere Beziehung wieder lebendig. Das lädt unseren Partner erneut in unser Leben ein und er wird durch Gespräche auch uns wieder in sein Leben einladen.

Wir können unsere Kommunikation in unserer Partnerschaft also bewusst beeinflussen, indem wir den Status quo infrage stellen und Kommunikation mit unserem Partner insgesamt neu erlernen. Indem jeder einen gleich großen Raum zugestanden bekommt, in dem er reden kann, und gleichzeitig dem anderen die Möglichkeit gibt, zuzuhören, werden wir erst einmal gezwungen, von Vorwürfen oder Verteidigung abzusehen. Dadurch können wir klarer ausdrücken, was konkret uns an unserem Partner stört und, viel wichtiger noch, welche Gefühle das in unserem Inneren auslöst. Das ist nur möglich, wenn wir den Raum zum Reden zugestanden bekommen, während der andere einfach nur zuhört. Damit verlassen wir die Ebene der Vorwürfe und der Verteidigung, die nur dazu führt, dass wir unserem Partner gegenüber eine Kampfhaltung einnehmen.

Ein solcher Raum des Redens und des Zuhörens ermöglicht es uns, mit unserem Partner so lange darüber zu reden, was uns von ihm trennt und was uns zusammenhält, bis unsere Liebe wieder sichtbar wird. Wenn wir uns in der wechselseitigen Kommunikation wieder öffnen, öffnet sich auch wieder der Fluss unserer Liebe. Die Liebe ist nie weg, wir können sie nur aus unserer Beziehung aussperren, indem wir unser Herz vor uns und unserem Partner verschließen. Zuhören und reden wird unsere Herzen wieder befreien. Wie wir bereits feststellen konnten, kommt und geht unsere Liebe nicht zufällig. Vielmehr liegt es an uns, mit unserem Herzen verbunden zu bleiben und unsere Liebe in uns zu fühlen und fließen zu lassen. So lernen wir auch, uns unserem Partner wieder freier zu zeigen: so, wie wir das noch zu Beginn unserer Beziehung getan haben.

Kapitel 30: Der Freude vertrauen

Wir haben die Tendenz, skeptisch zu sein und Dinge aus einer pessimistischen und negativen Sicht zu betrachten. Das Glas ist bei vielen von uns eher halb leer als halb voll. Das führt dazu, dass wir positive Gefühle und Entwicklungen oft mit Argwohn betrachten. Wir trauen der Sache nicht und haben bereits im Vorfeld Angst, den Schmerz des Verlustes fühlen zu müssen, falls sich das positive Gefühl nicht halten wird. Deswegen fällt es uns oft schwer, unserer inneren Freude zu vertrauen.

Das Gefühl der Freude zuzulassen und es zu leben, ist ein Aspekt, den wir bislang noch nicht beleuchtet haben, der aber für eine glückliche Beziehung ebenfalls sehr wichtig ist. In Beziehungen, die schon länger bestehen und in denen der Alltag eingekehrt ist, neigen wir dazu, freudvollen Momenten mit unserem Partner weniger Wert beizumessen als Momenten, die wir mit anderen Menschen teilen. Es fällt uns leichter, mit Freunden, Bekannten oder Kollegen Spaß zu haben. Es kann sogar passieren, dass wir schöne Momente mit unserem Partner und die damit verbundenen positiven Gefühle infrage stellen und Skepsis entwickeln. Das heißt im Endeffekt, dass wir die für unsere Beziehung konstruktiven Momente mehr oder weniger ablehnen beziehungsweise dass wir sie als selbstverständlich annehmen. Gleichzeitig sehnen wir uns danach, Freude zu erleben außerhalb unserer Beziehung und mit anderen Menschen. Warum ist das so?

Um eine Antwort auf diese Frage zu erlangen, müssen wir uns mit Prozessen beschäftigen, die in unserem Gehirn vorgehen. Bislang haben wir uns in diesem Buch auf Prozesse konzentriert, die in unserer Tiefe verborgen liegen. Aber auch die Vorgänge in unserem Gehirn haben eine große Auswirkung auf unsere Beziehung. Ob wir mit unserem Partner oder mit einem außenstehenden Menschen schöne Momente erleben – das sind für unser Gehirn und unser Gefühlsleben zwei vollkommen verschiedene Zustände. Deswegen können wir beides nicht miteinander vergleichen. Das tun wir jedoch fatalerweise allzu oft.

Gerade in einer langjährigen Partnerschaft fühlen sich all unsere Gefühle unserem Partner gegenüber vertraut an, sowohl die angenehmen als auch die unangenehmen. Wir kennen unseren Partner und wissen im Grunde, wie situationsabhängig wir ihm gegenüber empfinden, weil wir diese Gefühle bereits unzählige Male erfahren haben. Sie kommen wie automatisiert auf. Die Art der Gefühle ist abhängig davon, was wir gerade mit unserem Partner erleben oder was er in diesem Moment zu uns sagt. Diese Automatismen geben uns unbewusst Sicherheit, ganz unabhängig davon, ob es sich dabei um angenehme oder unangenehme Gefühle handelt.

Erleben wir außerhalb unserer Beziehung freudvolle Momente mit Menschen, die uns nicht so nahestehen, passiert etwas vollkommen anderes: In unserem Gehirn werden ganz andere Areale aktiviert, die zu einer anderen Hormonausschüttung und damit auch zu anderen Gefühlen führen. Diese Hormonausschüttung gleicht einem Rausch, einem Kick wie auf Drogen. Den kann uns unser langjähriger Partner nicht mehr geben, denn wir haben ihn bereits mit ihm erlebt, als wir uns in unseren Partner verliebten und alles mit ihm aufregend war. Der veränderte Zustand in unserem Gehirn bei freudvollen Momenten mit Menschen außerhalb unserer Beziehung lässt uns glauben, wir seien glücklich. Es sind aber nur sehr oberflächliche Gefühle, die rasch kommen und genauso schnell wieder verschwinden. Auf jeden Rausch folgt ein Tief, wenn sich die Hormonausschüttung in unserem Gehirn wieder verändert.

Diesen Zustand, dieses Tief, den Stopp dieser Glückshormonausschüttung erleben wir, wenn wir wieder zu unserem Partner und ins gewohnte Umfeld zurückkehren. In Gegenwart unseres Partners entsteht dann unbewusst das Gefühl eines Entzugs. Wir sind nicht mehr berauscht von unserem Hormoncocktail, der zuvor ausgeschüttet wurde. Es geht uns wegen des Entzugs sogar schlechter als vor den freudigen Momenten mit anderen Menschen. Im schlimmsten Fall machen wir sogar unseren Partner dafür verantwortlich, dass wir keine so aufregenden Momente mehr mit ihm erleben, weil bei ihm ja nichts los ist. Wir projizieren auf diese Weise unser Entzugsgefühl auf unseren Partner. Wir geben ihm die Schuld, bei ihm nicht glücklich sein zu können. Dieser Entzug kann sich wie eine Art Minidepression anfühlen. Deshalb sucht unser Gehirn immer schneller nach immer neuen freudvollen Momenten außerhalb unserer Beziehung, anstelle innerhalb Quellen der Freude zu erschaffen. Führen wir ein solches Verhalten über mehrere Monate oder gar Jahre fort, beginnen wir, in unserer Beziehung abzustumpfen.

Wegen unserer Suche nach einem neuen Rausch verlagern wir den Schwerpunkt unseres Lebens Stück für Stück nach außerhalb anstelle innerhalb unserer Beziehung zu bleiben. Es ist ein paradoxes Spiel, das wir dann mit unserem Partner spielen. Menschen außerhalb unserer Beziehung tun uns dann gut. Auf unseren Partner können wir uns hingegen immer weniger einlassen, weil wir uns ihm ein Stück weit vorenthalten und gleichzeitig mit ganz anderen Gefühlen konfrontiert sind, die sich durch den Entzug der Hormone erst einmal nicht gut anfühlen. Wir rutschen bei unserem Partner in einen depressiven Zustand und jede Forderung unseres Partners nach gemeinsamer Zeit oder gemeinsamen Unternehmungen empfinden wir zunehmend als lästig. Das ist einer der Gründe, warum wir zum Beispiel so leicht vor dem Computer landen und unsere Suche in der virtuellen Welt fortsetzen, dass wir verschiedenste Süchte entwickeln, leichtfertig fremdflirten oder gar fremdgehen. Einmal in solch einem Verhaltensmuster angekommen, verliert unsere Beziehung für uns sehr schnell an Wert und wird leichter entbehrlich.

Aufgrund unserer unbewussten Suche nach diesem Kick verpassen wir es, nach der Phase der Verliebtheit, die für das Gehirn den größten Hormonrausch darstellt, zu wirklicher Liebe zu finden und eine wahrhaftige Beziehung aufzubauen. Einander zu lieben, vollzieht sich außerhalb dieser Hormonschwankungen unseres Gehirns. Deshalb müssen wir unbedingt zusammen mit unserem Partner lernen, unsere tiefe Freude in uns zu berühren, sie in uns aus der Tiefe heraus zu fühlen und, so banal es auch klingen mag, anerkennen, dass Freude einfach in uns sein darf und zu unserem dauerhaften Seinszustand werden kann. Nur so können wir die oberflächliche Suche unseres Gehirns und unsere innere Unruhe durchbrechen.

Wir müssen zunächst wieder Vertrauen erlernen: dass wir, wenn wir uns unserem Partner wieder öffnen, auch mit ihm Freude empfinden können und dass dieses Gefühl ein anderes ist als mit einem anderen Menschen. Wir müssen sogar begrüßen, mit unserem Partner Freude zu empfinden. Wenn wir in Routine verfallen sind, merken wir, dass es viel schwerer ist, mit dem eigenen Partner Freude zuzulassen und ehrlich mit ihm zu lachen als unter Menschen, die uns weit weniger nahestehen. Hier spielen auch immer unsere alten Gefühle, die sich aus unserem Verborgenen an die Oberfläche schieben, eine Rolle.

Das haben wir an vielen Beispielen in diesem Buch bereits gesehen. Wenn unsere Freude aus unserer inneren Tiefe aufsteigt, so öffnet sich in uns anfangs auch immer ein anderes Gefühl, wenn wir uns auf unserer Reise zu uns selbst befinden. So kann es sein, dass gleichzeitig mit dieser Freude zum Beispiel unterdrückte Trauer aufsteigt. Die Gleichzeitigkeit dieser Gefühle kann uns verwirren. Wenn wir unserer Trauer in einem solchen Moment keinen Raum geben, werden wir auch unsere Freude unterdrücken. Da wir Trauer und andere sogenannte negative Gefühle fürchten und uns vor ihnen verschließen, lassen wir weder unsere Freude noch alle anderen sogenannten positiven Gefühle zu, obwohl wir sie uns mehr als alles andere wünschen. Hier sollten wir den Mut haben, all diese Gefühle zuzulassen. Es wird sich langfristig sehr positiv auf uns und unsere Beziehung auswirken.

Kapitel 31: Glück kultivieren

Der Freude wieder zu vertrauen, ist der erste von zwei Schritten. Genauso wichtig ist der zweite Schritt. Hierbei geht es darum, mit unserem Partner neue Glücksmomente zu erschaffen beziehungsweise diese in unsere Beziehung zurückzuholen. Wir müssen wieder gemeinsam den Dingen nachgehen, bei denen wir zusammen Freude empfunden haben. Wir müssen wieder die Momente miteinander teilen, die Vertrautheit und Verbundenheit zu unserem Partner stärken. Das können bereits Kleinigkeiten sein, die uns in der Anfangszeit unserer Beziehung etwas bedeutet haben und dann im Alltag untergegangen sind.

Wenn wir zum Beispiel früher mit unserem Partner abends im Bad gemeinsam Zähne geputzt haben, dann sollten wir dieses kleine Ritual wieder einführen. Eine solche unscheinbare Gewohnheit wieder aufzunehmen, kann schon dazu beitragen, dass sich unser Schlafrhythmus wieder an unseren Partner angleicht, sodass wir wieder gemeinsam und zur gleichen Zeit schlafen gehen. Wir können ein Café oder ein Restaurant besuchen, in dem wir in der Kennenlernphase Zeit verbracht haben, und wir können das zu einer festen monatlichen Verabredung ausbauen.

Wenn wir uns in unserer Beziehung wieder öfter zärtlich berühren und körperliche Nähe auf sanfte Art und Weise wiederherstellen, fühlen wir uns an der Seite unseres Partners geborgener. Bewusstes Umarmen, das Berühren der Schulter, wenn wir an unserem Partner vorbeigehen, oder die Berührung seines Arms, wenn wir mit ihm sprechen, aktiviert die Ausschüttung von Glückshormonen und führt uns zurück in die Nähe, die wir einmal empfunden haben, bevor diese in Alltagsverpflichtungen untergegangen ist. Diejenigen von uns, die schon länger keinen körperlichen Kontakt mehr zu ihrem Partner haben, werden mit einfachen Umarmungen und Berührungen anfangs sogar

Schwierigkeiten haben. Wir werden in einer solchen Situation lernen müssen, dass die Distanz zu unserem Partner tatsächlich aus uns selbst heraus entstanden ist, obwohl wir uns nach Nähe, Vertrautheit und Intimität sehnen.

Wenn wir uns an die Zeit zurückerinnern, als unsere Beziehung für uns noch aufregend und lebendig war, werden wir viele solche kleinen Momente der Gemeinsamkeit wiederentdecken, die uns früher etwas bedeutet haben. Sie sind nicht weg, sondern im Laufe der Zeit aufgrund unseres Alltags verschüttet worden. Wir können sie jedoch wiederbeleben oder ganz neue Rituale erschaffen, die vielleicht besser zu uns passen. Es kann sich dabei auch um sehr kleine Dinge handeln, denn es ist nicht die Größe oder der Preis, die unser Glück ausmachen. Oft sind es die unscheinbaren Kleinigkeiten, die uns immer wieder aufs Neue erfreuen. Diese müssen wir kultivieren.

Es gibt unendlich viele Möglichkeiten, auf welche Weise wir wieder glückliche Momente mit unserem Partner erschaffen und sie anschließend pflegen können. Hier sind ein wenig Kreativität und Selbstüberwindung gefordert. Es ist vollkommen in Ordnung, auch noch nach vielen Jahren herzhaft mit unserem Partner zu lachen, positive Momente zu feiern und uns am Nebeneinanderaufwachen oder am Einschlafen zu erfreuen. Es gibt so viele Aspekte, die am Anfang für uns besonders waren und dann zur Routine geworden sind oder die wir vernachlässigt haben. Wir müssen sie wieder genießen lernen und für sie dankbar sein.

Optimal ist es natürlich, wenn wir es gar nicht erst so weit kommen lassen, dass wir an einen Punkt gelangen, an dem wir vernachlässigte schöne Gewohnheiten wiederaufleben lassen müssen. Dem Anfang einer Beziehung kommt daher eine Schlüsselrolle zu. Hier können wir den Grundstein für eine glückliche Zukunft legen. Das ist nicht einmal besonders schwer. Wir sollten in der ersten Zeit in einer neuen Beziehung Wert darauf legen, freudvolle Momente zusammen mit unserem Partner zu erschaffen, Liebe und Vertrauen, Geborgenheit und Nähe, Intimität und Beständigkeit mit unserem Partner aufzubauen und zu pflegen. Das wird uns helfen, die wunderbaren Gefühle aus unserer Tiefe heraus zu entfalten. Nur so können wir die unbewusste Suche unseres Gehirns nach Rauschmomenten überwinden, die langfristig eine Distanz zu unserem Partner erschafft. Wir müssen achtgeben, dass der Alltag uns nicht jegliche Romantik und das Gefühl von Liebe nimmt.

Das Erschaffen glücklicher Momente ist ein wichtiger Bestandteil einer dauerhaften und glücklichen Beziehung. Es bedarf hierbei jedoch der bewussten Auseinandersetzung mit allen konstruktiven und destruktiven Aspekten unserer Beziehung. Diese Form von Auseinandersetzung gibt uns langfristig den Halt, nach dem wir sonst ein Leben lang suchen und den wir nicht finden werden. Ohne diese Entwicklung bleiben wir innerlich unruhig und suchend und riskieren dabei, uns unserem Partner gegenüber immer mehr vorzuenthalten.

Wir müssen dabei wissen, dass es am Ende niemals unser Partner ist, der uns glücklich macht. Wir und unser Partner sind zwei vollkommen unterschiedliche Menschen auf sehr verschiedenen Wegen und wir gehen mit unserem Partner diese verschiedenen Wege ein Stück weit zusammen. Das Glücklichsein als solches liegt jedoch in unserer eigenen Verantwortung. Aber wir können unsere Partnerschaft dazu benutzen, zu unserem Glück in uns vorzudringen. Wir müssen es jedoch zunächst in uns finden und dann wieder feste Zeiten mit unserem Partner einrichten, in denen wir dieses Gefühl miteinander teilen.

Um das zu erlernen, benötigen wir Momente der Stille. Meditationen, in denen alle Gedanken zur Ruhe kommen, sind hierbei das kraftvollste Werkzeug. Erst, wenn wir aufhören, im Außen zu suchen und unseren Blick nach innen richten, kommt auch unser Gehirn zur Ruhe und wir können uns selbst begegnen. Wenn wir es nicht schaffen, diese Ruhe in uns zu finden, werden wir immer Opfer der unbewussten Suche unseres Gehirns nach solchen Rauschmomenten bleiben und wahrhaftige Liebe und tiefgründige Beziehungen nie erschaffen können.

Kapitel 32: Wahrhaftig sein

Unser Beziehungsglück hängt in erster Linie von uns selbst ab, nicht von unserem Partner. Wahrhaftig zu sein ist vielleicht unsere wichtigste Eigenschaft, um Glück zu leben. Sind wir uns selbst gegenüber in aller Konsequenz wahrhaftig, wird auch unsere Beziehung davon profitieren und aufblühen.

Wahrhaftigkeit kann sich auf verschiedene Art und Weise ausdrücken. Wenn wir beispielsweise wieder in der Lage sind, mit unserem Partner vorwurfsfrei zu kommunizieren, ihm gerne mehr zu geben, als wir von ihm einfordern, unsere Gefühle von Liebe und Freude in uns wieder zu entdecken und positive Momente zu erschaffen, in denen wir unsere Freude mit unserem Partner teilen, wird unsere Beziehung wahrhaftiger. Auf dieser Basis werden Gespräche mit unserem Partner mit der Zeit immer tiefgründiger. Dies geschieht nicht nur, weil wir wieder lernen, mit unserem Partner zu reden und ihm zuzuhören, ohne dass wir uns gegenseitig unterbrechen. Vielmehr dringen wir durch diesen gesamten Prozess immer stärker zu uns selbst vor und eröffnen uns die Chance, wahrhaftiger zu werden. In einem solchen Prozess bekommen wir den Raum, den wir brauchen, um uns selbst immer tiefer zu ergründen. Wir erkennen dann besser, wer wir sind, was uns ausmacht und was wir brauchen, um glücklich zu sein.

Je besser wir das wissen, desto klarer können wir das unserem Partner kommunizieren. Für ihn ist es dann viel leichter, auf unsere Bedürfnisse einzugehen, die wir uns allein vielleicht noch nicht erfüllen können. Unsere Auseinandersetzung mit uns selbst lässt somit uns und unsere Beziehung wahrhaftiger werden. Unsere eigene Tiefe bringt erst die tiefe Verbindung zu unserem Partner. Das geschieht nicht durch ihn, sondern das hat ganz allein mit unserer eigenen, inneren Qualität zu tun, die wir erst entfalten müssen. Unser Inneres können und sollten wir entdecken und entfalten, wenn wir erfüllt und glücklich leben möchten: sei es mit oder ohne Partner.

In den Beziehungen der neuen Zeit, die wir am Anfang des Buches kennengelernt haben, geht es alles in allem darum, wahrhaftig zu uns und unserem Partner zu sein. Das bedeutet unter anderem, dass wir nicht mehr wie fremdgesteuert unser unbewusstes Innenleben auf unseren Partner projizieren und ihn für unsere unangenehmen Gefühle verantwortlich machen, sondern dass wir uns mit uns selbst auseinandersetzen. Wir müssen die Verantwortung für all unsere Gefühle wieder selbst übernehmen. Hierbei gilt es, die angenehmen Gefühle in uns wiederzufinden und uns bewusst mit den unangenehmen auseinanderzusetzen.

Damit Wahrhaftigkeit in Verbindung mit unserem Partner entstehen kann, müssen sowohl wir als auch unser Partner uns bewusst für die Beziehung entscheiden. Um den Raum für Vertrauen und Tiefe zu erschaffen, bedarf es die Entscheidung von uns beiden, eine Beziehung zu führen und einander lieben zu wollen. Wir müssen uns also unserer Beziehung und unserem Partner verpflichten und uns der Beziehung verbindlich hingeben. Wenn wir uns im Laufe der Zeit still von unserem Partner zurückgezogen haben, haben wir auch unsere Entscheidung aus der Anfangszeit, unseren Partner zu lieben, zurückgezogen. Wenn unser täglicher Umgang miteinander eher stumpf ist, müssen wir uns neu dafür entscheiden, unseren Partner wieder zu lieben, ihm wieder zu vertrauen und unser Leben und unser Inneres wieder mit ihm zu teilen. Unsere Entscheidung für unsere Liebe und unsere Beziehung ist der Grundstein, damit wir uns wahrhaftig aufeinander einlassen können.

Wir brauchen den Respekt des anderen, um uns diesem Wachstumsprozess hingeben zu können. Alles andere macht es schwierig, unsere Beziehung als Raum der Geborgenheit und der persönlichen Entwicklung zu nutzen. Wenn wir uns nicht verbindlich auf unseren Partner einlassen und schlecht über ihn denken oder reden, bedeutet das, dass wir, wenn auch nur im Entferntesten, eine Trennung in Erwägung ziehen. Von dem Moment an, in dem Trennung als Möglichkeit in unseren Gedanken entsteht, ist die Beziehung bereits zum Scheitern verurteilt – denn dann ziehen wir im Falle eines schwerwiegenden Konfliktes eine Trennung einer schwierigen und schmerzhaften Problemlösung vor. Unser Gehirn sucht, wie in diesem Buch bereits aufgezeigt, unbewusst immer den Weg der Schmerzvermeidung. Eine Trennung würde zumindest im ersten Moment weniger Schmerz bedeuten.

Unsere persönliche Entwicklung ist es, was unsere Beziehung uns zu jeder Zeit abverlangt. Bei unserem Partner begegnen wir am intensivsten uns selbst. Für großes persönliches Wachstum ist eine feste Partnerschaft der beste Ort. Hier vollzieht sich spirituelle Entwicklung schneller als anderswo. Das ist der kürzeste Weg zu einem wahrhaftigen Leben. Wir müssen also so handeln, als würde unsere Beziehung niemals enden. Jeder Zweifel an unserer Beziehung und jede Form, uns unserer Beziehung nicht verpflichtet zu fühlen oder sie nur unverbindlich einzugehen, hindert uns daran zu erkennen, dass unser Partner der wunderbarste Mensch ist, der uns je begegnet ist und je begegnen wird. Er ist in unser Leben getreten, um uns zu zeigen, wer wir in Wirklichkeit sind.

Schlusswort

Jeder von uns möchte geliebt werden und sehnt sich nach einer erfüllten Beziehung mit seinem Partner und liebevollen Beziehungen mit seinen Mitmenschen. Das eint uns alle. Doch das gelingt uns oft nur bedingt. Liebe und Beziehungen sind für viele Menschen etwas Kompliziertes: etwas, was selten so funktioniert, wie wir uns das vorstellen. Ich möchte an dieser Stelle noch einmal die wichtigsten Punkte dieses Buches zusammenfassen und zugleich noch einmal verdeutlichen, dass wir alle die Möglichkeit haben, glückliche und erfüllte Beziehungen zu führen.

Immer mehr Menschen entwickeln ein Bewusstsein dafür, dass erfüllte Beziehungen möglich sind. Das war nicht immer so. Frühere Generationen hatten aus verschiedenen Gründen andere Prioritäten. Damals standen das Funktionieren der Familie und die Sicherung des Unterhalts im Vordergrund. Auch der äußere Schein spielte aufgrund der damaligen gesellschaftlichen Werte und Normen eine bedeutende Rolle. Doch die Zeiten haben sich geändert. Die Liebe ist stärker in unseren Fokus gerückt und dadurch hat unser Bedürfnis nach erfüllten und liebevollen Beziehungen zugenommen. Dennoch können wir unsere Wünsche und Sehnsüchte oft nicht in die Tat umsetzen. Wir schaffen es nicht, den täglichen Umgang mit unserem Partner oder unserer Familie zu verbessern, sondern wir werden mit ganz unterschiedlichen Konflikten, destruktiven Gefühlen und Gedanken konfrontiert. Das geschieht immer stärker, da die sich ändernde Zeitqualität diese Dinge mehr und mehr in den Vordergrund schiebt – ob wir das wollen oder nicht.

Wir haben gar keine andere Möglichkeit, als hier genauer hinzuschauen und uns dieser Konflikte, Gefühle und Gedanken bewusst anzunehmen. Das bedeutet, dass wir Verantwortung für all die Gefühle übernehmen müssen, die in uns liegen. Wir kommen nicht darum herum, uns damit auseinanderzusetzen. Doch darin liegt auch eine große Chance. Es ist die

Chance auf eine erfüllte Partnerschaft und eine harmonische Beziehung zu unseren Mitmenschen.

Dies setzt voraus, dass wir uns aktiv mit der Liebe und liebevollen Beziehungen beschäftigen. Oft fehlt uns hierzu grundlegendes Wissen. Wir ahnen häufig nicht einmal, warum wir zu welchem Zeitpunkt wie fühlen. Anstelle nach innen zu schauen, neigen wir dazu, unseren Partner für unsere Gefühle und unser Wohlbefinden verantwortlich zu machen. Das ist unser Muster. Wir bleiben in unserer emotionalen Abhängigkeit verhaftet und schaffen es nicht, den entscheidenden Schritt hin zu einer erfüllten Partnerschaft zu machen.

Ein Kennzeichen unserer Zeit ist, dass sich so viele Menschen mit der Entwicklung ihrer Persönlichkeit beschäftigen. Wir sind interessiert daran, solche Abhängigkeiten zu erkennen und uns daraus zu lösen. Das setzt zunächst voraus, dass wir um diese Abhängigkeiten wissen und dass wir sie uns bewusst machen. Der folgende Schritt besteht darin, Verantwortung zu übernehmen – die volle Verantwortung dafür, wie wir mit diesen emotionalen Abhängigkeiten in uns umgehen, ohne anderen die Schuld dafür zu geben.

Lösen wir unsere inneren Konflikte, entlasten wir automatisch unseren Partner. Er wird nicht mit unseren Vorwürfen konfrontiert und die Konflikte nehmen ab. Weiterhin können wir dadurch viel leichter einen vertrauensvollen Raum erschaffen, in dem Wachstum und Begleitung für uns beide und für jeden von uns ein eigener Weg möglich werden. Das wirkt sich auch auf unsere Beziehung zu anderen Menschen aus unserem Umfeld positiv aus. Erfüllte Beziehungen setzen voraus, dass wir innerlich Entwicklungsschritte gehen, die wir alle vollziehen können. Ich hoffe, mit diesem Buch einen Beitrag dazu geleistet zu haben, dir auf diesem Weg zu helfen: dass es dir besser gelingt, Probleme zu erkennen, zu verstehen und zu lösen.

Auf allen Ebenen unseres Seins ist nichts in unserem Leben wichtiger als unsere innere Entwicklung. Für liebevolle und erfüllte Beziehungen lohnt es sich immer, den in diesem Buch beschriebenen Weg zu gehen: nicht in erster Linie deshalb, damit uns unsere Beziehungen vordergründig erfüllen, sondern weil wir dadurch das Gefühl von Liebe und Erfüllung, das in uns entspringt, finden können. Ein erfülltes Leben, in dem wir das Gefühl haben, unseren Aufgaben gewachsen zu sein, ist etwas, wofür es sich immer lohnt, sich innerlich zu entwickeln und aus alten Mustern herauszutreten. Wir haben alle das gleiche Potenzial, zu lieben, denn das ist die Essenz unserer Existenz. Unser Leben und unser Umgang mit unserem Partner, mit unserer Familie und mit anderen Menschen spiegelt immer unsere wichtigste Beziehung wider: die Beziehung zu uns selbst. Nur, wenn die Beziehung zu uns selbst gut ist, sind wir in der Lage, erfüllte Beziehungen mit der Außenwelt zu führen.

Ich wünsche mir, dass mein Buch dir geholfen hat, Wege zu erkennen, wie du über den Blick nach innen wahrhaftig erkennen kannst, wie deine Beziehung zu dir aussieht und geheilt werden kann. Die vielleicht wichtigste Botschaft, die ich dir am Ende mit auf den Weg geben möchte, ist, dass die Beziehungen der neuen Zeit bei dir selbst beginnen. Bist du mit dir im Reinen, bist du auch mit deiner Umwelt und deinen Mitmenschen im Reinen. Erst dann kannst du dich auf erfüllte Bindungen einlassen. Es lohnt sich!

FSC
www.fsc.org
MIX
Papier | Fördert
gute Waldnutzung
FSC® C083411

Zeitfracht Medien GmbH
Ferdinand-Jühlke-Straße 7
99095 Erfurt, Deutschland
produktsicherheit@kolibri360.de